だいわ文庫

50歳からの音読入門

齋藤 孝

大和書房

はじめに —— 後半生を心豊かに生きるために

五十歳くらいになると、各人各様の悲喜こもごもの人生経験が身の内に蓄えられています。それは言い換えれば、若いころには持ちえなかった感受性が醸成された、ということでもあります。

その感受性は、古典をはじめとする古今の名著に綴《つづ》られた言葉に対して、ちょっとした〝化学反応〟を起こします。豊かな表現力を持つ日本語が描出する世界に感情移入できる度合いが、若いころよりずっと大きくなるのです。その分、言葉が生き生きと感じられるし、身に沁《し》みて味わい深く感じ入ることができるようにもなるでしょう。

たとえば『平家物語』の「敦盛《あつもりの》最期《さいご》」でも、高校時代に教科書で学ぶときは、自分の子どもくらいの年齢の若武者・敦盛を斬《き》らなければならなかった熊谷《くまがえの》次郎《じろう》直実《なおざね》の気持ちにはなかなかなれないものです。自分が親の年齢になって初めて、そのときの熊谷の切なさや憐みの情が痛いほどわかるようになります。

また『平家物語』全編に流れる「諸行《しょぎょう》無常《むじょう》の響《ひび》き」にしても、五十年・六十年人生を生きるなかでさまざまな栄枯盛衰《えいこせいすい》を目の当たりにし、自身も禍福《かふく》あざなえる縄のごとき人生を歩んできたからこそ、その情緒が心に沁みるのです。

もっと言えば、現実に戦場で戦った経験が自分自身になくとも、憎しみから殺し合いをしたわけではなく、理不尽な思いに苦しみながらも戦わなければならなかった武士たちの気持ちを、現代に生きる自分と重ね合わせて感じ取ることができます。

中高年だからこそ味わえる古典の妙味

こんなふうに「自らの経験に引きつけて読む」ことができるのは、『平家物語』に限らず、あらゆる古典に共通する大きな魅力の一つです。生きた時代も場所も違う、現実には何の接点もない人たちと自分が、時空を超えて感情的につながれるという実感が得られるのです。そういった「時空を超えた人とのつながり」は、中高年以降の人生を生きるうえでの安定感につながるように思います。

年をとるにつれて、人は物事に普遍的な価値を求めるようになります。自分自身で自分を支えるのではなく、「もっと大きな価値とつながっていたい」という思いが強くなるのです。おそらくそれは「死」を意識するからでしょう。ともすれば「死によってすべてが無に帰すのではないか」という絶望感に陥りがちなところを、「いや、そうではない」と身と心を持ち直す。そのための力となるのが、生きた時代も場所もはるかに離れている人たちとも感情的につながれるという感覚ではないでしょうか。

老年期を目前にすると、寂しさや孤独、むなしさなどに押しつぶされそうになることもあるでしょう。でも古典に触れて「昔から人はみな、こういった感情を抱えて生きてきたんだ」と再認識する。そこから、自分はあらゆる時代の人々が営々と紡いできた時代の一つの大きな流れの一部だと感じ取る。そこに中高年になってから味わう古典の妙味があるように思います。だから私は、五十歳以降の中高年の方にこそ、自分の人生経験を踏まえて古典に親しみ、日本語の醸す情緒を味わっていただきたい。それが後半生を心豊かに生きることにつながると思うのです。

「音読」は日本語を味わうための王道

その際、ポイントとなるのは「音読」、声に出してすばらしい日本語を読み上げることです。なぜなら「音読」というのは、日本語を味わうための「王道」とも言うべきものだからです。

歴史を遡《さかのぼ》れば、たとえば『古事記』は、稗田阿礼《ひえだのあれ》が誦習《しょうしゅう》した言葉を、太安万侶《おおのやすまろ》が書き留めて編まれた歴史書です。また『論語』は、孔子と弟子たちの問答などを収録した書です。さらに『平家物語』は、琵琶《びわ》法師によって語り継がれてきた文学です。

時代が下って近年になると、日本人の読書は「黙読」に傾いていきましたが、明治くらいまでは「音読」「素読《そどく》」の伝統が生きていました。そのなかで昔の人たちは自然と、言葉を自分の体に刻み込むという作業を行っていたのです。

ですから、夏目漱石や森鷗外、幸田露伴など、〝素読世代〟の作家たちの書いた文章には、声に出して読むときの熱量やリズム、テンポが入っています。そこに「音読」するのにふさわしい味わい深さがあるのです。

こういった書物が数十年・数百年の時を経ても色あせぬ魅力を放ち、現代人の心を惹きつけてやまないのも、人間の体から体へと伝えられてきた言葉の生命力あればこそ。音読するということは、その言葉の持つ生命力を生き返らせる、ある種の〝解凍作業〟のようなもので、自分の体で温め直しておいしくいただくところにすばらしさがあるのです。

日本の日本らしさというのは、日本語の担っている部分が大きいと、私は思っています。そして私を含めて中高年世代の人間がこれからどう後半生を生き、死んでいくかを考えるとき、日本語によって受け継がれてきた日本特有の文化を伝えていくことが一つの務めだと思い至ります。意識的に継承しなければ、日本という国の日本らしさを支える情感や情緒が地上から消えてしまうかもしれないからです。それは、あまりにも寂しいこと。

たとえば世阿弥《ぜあみ》が『風姿花伝』のなかで「心より心に伝ふる花」と表現したように、私たち現代人にも心のなかにある大切なものを「言葉の花」として、音読を通して体から体へ伝えていくことが求められているのではないでしょうか。そういう文化の継承のなかで「音読」というものを捉えてもらうのもいいのではないかと思います。

言葉の力を感じる

本書では、とりわけ中高年のみなさんに「音読」していただきたい作品を、和漢の古典を中心に、近代文学初期までの名作・名文を加えてセレクトしました。心がけたのは、中高年だからこそわかる人生の深みを感じられるものとして、みなさんが学生時代に習った有名なものを豊富に集めたこと。懐かしさが込み上げてくる部分で、親しみやすいのではないかと思います。

それと随所で、ふつうは〝別物〟として鑑賞される二、三の作品を、「感情的なつながり」や「意識の持ち方」などの視点からセットにして鑑賞する提案を試みています。たとえば『塞翁《さいおう》が馬《うま》』と『ツァラトゥストラ』とか、中原中也の『頑是《がんぜ》ない歌』とスガシカオの『夜空ノムコウ』、夏目漱石の『草枕』と福沢諭吉の『学問のすゝ《す》め』など、ユニークな組み合わせによって、人生をより深く味わえるよう趣向を凝らしました。

一人自宅でゆったりと過ごすひとときや、散歩の折などにぜひ、本書のページを繰って、心に響く名文を「音読」してみてください。繰り返し読み上げるうちに、その文章は歌のように何となく馴染んできて、楽しいものです。

それをきっかけに、「よし、『論語』を一冊、音読し切ってしまおう」とか「改めて『平家物語』や『徒然草』などを読んでみるか」といった気持ちになってもらえれば、なおさらすばらしいことです。

あるいは、最近は中高年がグループで「音読」を楽しむ集いが増えているようなので、そういう場で本書をテキストにしていただくのもよいかと思います。一人で「音読」するのもいいけれど、数人でいっしょに「音読」すると、みんなの気持ちも場も盛り上がります。豊かな時間を共有する喜びが得られるでしょう。

いずれにせよ、「音読」によって古典に親しむことは、後半生を豊かにする、間違いのない時間の使い方になるはずです。

中高年の言葉とのつき合い方においては、言葉がいかに自分自身の心を強くしてくれるか、和らげてくれるか、といったことが非常に大事になってきます。本書を通じて、そんな言葉の力を感じていただくことを、心より願っています。

なお、古い文章にはいくつかのテキストがあり、漢字でも複数の読み方があります。ご自分の記憶と異なるところもあると思いますが、そうした事情ですのでご理解ください。

本書は、先行する多くの本を参考にさせていただいています。古典研究者の方々に感謝申し上げます。

齋藤　孝

『50歳からの音読入門』●目次

2章　老いてなおよく学びよく遊べ

3章　ゆったりと時の流れに漂う

まったりと酒を楽しむ

川の流れに時を重ねて

青春時代を懐かしむ

「あのころ」の自分を思い出す

思いは時空を超える

次世代に思いを託す

コラム・会話が勢いづく「付け足しことば・畳語」

5章　季節うつろう自然とともに暮らす

春の情景に思いを映す

「好き」を数え上げる

自然のなかで人生を見つめる

小さな生き物と遊ぶ

7章　行き詰まったときに役立つ名言集

人生の処方箋として

『菜根譚』――――――――――――――――――――――（洪自誠）315

「静中《せいちゅう》の静《せい》は真静《しんせい》に非《あら》ず」／「家人《かじん》過《あやまち》あらば宜《よろ》しく暴怒《ぼうど》すべからず」／「事《こと》を議《ぎ》する者《もの》は、身《み》は事《こと》の外《そと》に在《あ》りて」

『老子』――――――――――――――――――――――（老子）319

「上善《じょうぜん》は水《みず》の若《ごと》し」／「柔弱《じゅうじゃく》は剛強《ごうきょう》に勝《か》つ」／「常《つね》の徳《とく》は離《はな》れず、嬰児《えいじ》に復帰《ふっき》す」／「大器《たいき》は晩成《ばんせい》し、大音《たいおん》は希声《きせい》、大象《たいしょう》は形《かたな》無しと」／「無為《むい》を為《な》し、無事《むじ》を事《こと》とし、無味《むみ》を味《あじ》わう」

『ゲーテ格言集』――――――――――（ゲーテ／編訳・高橋健二）325

「年《とし》をとることにも一《ひと》つの取《と》り柄《え》はあるはずです」／「寛大《かんだい》になるには、年《とし》をとりさえすればよい」／「生《い》き続《つづ》けて行《ゆ》け」／「たしかにそれは人間《にんげん》であったのだ」

1章 後半生をどう生きるか覚悟を決める

世の中は移り変わるもの

『祇園精舎《ぎおんしょうじゃ》』（平家物語《へいけものがたり》）

祇園精舎《ぎおんしょうじゃ》の鐘《かね》の声《こえ》、諸行無常《しょぎょうむじょう》の響《ひびき》あり。娑羅双樹《しゃらそうじゅ》の花《はな》の色《いろ》、盛者必衰《じょうしゃひっすい》の理《ことわり》をあらはす。おごれる人《ひと》も久《ひさ》しからず、唯春《ただはる》の夜《よ》の夢《ゆめ》のごとし。たけき者《もの》も遂《つい》にはほろびぬ、偏《ひとえ》に風《かぜ》の前《まえ》の塵《ちり》に同《おな》じ。遠《とお》く異朝《いちょう》をとぶらへ《え》ば、秦《しん》の趙高《ちょうこう》、漢《かん》の王莽《おうもう》、梁《りょう》の周伊《しゅうい》、唐《とう》の禄山《ろくさん》、是等《これら》は皆旧主先皇《みなきゅうしゅせんこう》の政《まつりごと》にもしたがはず、楽《たの》しみをきはめ、諫《いさめ》をも思《おも》ひいれず、天下《てんか》の乱《みだ》れむ事《こと》をさとらずして、民間《みんかん》の愁《うれう》る所《ところ》を知《し》らざッしかば、久《ひさ》しからずして、亡《ぼう》じにし者《もの》どもなり。近《ちか》く本朝《ほんちょう》をうかがふに、承平《しょうへい》の将門《まさかど》、天慶《てんぎょう》の純友《すみとも》、康和《こうわ》の義親《ぎしん》、平治《へいじ》の信頼《のぶより》、此等《これら》はおごれる心《こころ》もたけき事《こと》も、皆《みな》とりぐ《どり》にこそありしかども、まぢかくは六波羅《ろくはら》の入道《にゅうどう》前太政大臣《さきのだいじょうだいじん》平朝臣清盛公《たいらのあっそんきよもりこう》と申《もう》しし人《ひと》の有様《ありさま》、伝《つたえ》へ承《うけたまわ》るこそ、心《こころ》も詞《ことば》も及《およ》ばれね。

祇園精舎の鐘の音は、諸行無常の響きをたてる。釈迦が入滅したときに白色になったという沙羅双樹の花の色は、盛者必衰の道理――いまをときめく者も必ず衰えることがあるという道理を表している。驕《おご》る人も、その思い上がりは末長く続かない。ただ春の夢のようにはかないものである。勇猛な者もついには滅びてしまう。まったく風の前の塵と同じである。

遠く異国の例を見れば、秦の趙高、漢の王莽、梁の朱异《しゅい》（周伊は誤り）、唐の安禄山、これらの人々はみな、旧主先皇の政治にも従わず、楽しみを極めて、周囲が諫めても聞き入れず、天下が乱れることも悟らず、民衆の嘆きや不満を知ろうともしなかったので、末長く栄華を続けることなく滅びてしまった。

近くわが国に目を転じれば、承平の平将門、天慶の藤原純友、康和の源義親《よしちか》、平治の藤原信頼、これらの人々は驕る心も勇猛なところも、みなそれぞれに甚だしかったが、やはり間もなく滅びてしまった。ごく最近では、六波羅の入道前太政大臣朝臣清盛公という人のありさまを伝え聞くと、想像するのさえ難しいほどの物語である。

味わうポイント

『平家物語』のこの冒頭のくだりは、日本人が好んで暗誦する定番とも言えるものです。小学校に入る前の子どもでも覚えたがるほどで、何とも不思議な魅力があるのでしょう。おそらく子ども心にも、祇園精舎の鐘の音の響きから、何か無常観のようなものが伝わるのだと思います。

幼いころに「諸行無常の響き」を感得するのがいいことかどうかは判断が微妙なが ら、中年を過ぎるとまた格別の感慨があるものです。

「無情」ではなく「無常」、常ならずということですから、自分自身のこれからに対して、「この世で起きることは、すべてが移り変わるもの。いまがどうであれ、この状況が永遠に続くとは限らない」と覚悟が決まる感じがします。

また『平家物語』は、実際は戦記もので、戦いの場面が非常に多いのですが、物語の始まりはとても静かです。最初に平清盛のすさまじいばかりの栄耀《えいよう》栄華が描かれ、やがて清盛の死を境に平家が滅びてゆく。

日本人は必ずしもそれを、「調子に乗ってたからだよ」と非難するばかりではありません。むしろ、平家が滅びていくことの憐れさに心が寄り添う部分のほうが大きいでしょう。

惻隠《そくいん》の情と言いますか、『平家物語』は日本人のなかに、滅びゆく者に対してかわいそうだなと同情する気持ちを育ててくれたように思います。

『平家物語』はもともと、琵琶《びわ》法師が琵琶をかき鳴らしながら語る文学です。ゆっくりしたテンポで音読すると、いっそう心に沁みます。

あるいは、自分の人生を振り返りつつ、同時に「小学校のときに覚えたよなぁ」などと幼いころの自分といまの自分を重ね合わせながら、音読するのもいいものです。

昔暗誦したものを、年輪を重ねたいまになって改めて読むことには、自分の人生が「円環」するような楽しみがあります。

後半生をいかに生きるべきか

『論語《ろんご》』（為政第二《いせいだいに》　四《し》）　孔子《こうし》

子曰《しのたま》わく、吾《わ》れ十有五《じゅうゆうご》にして学《がく》に志《こころざ》す。三十《さんじゅう》にして立《た》つ。四十《しじゅう》にして惑《まど》わず。五十《ごじゅう》にして天命《てんめい》を知《し》る。六十《ろくじゅう》にして耳《みみ》順《した》がう。七十《しちじゅう》にして心《こころ》の欲《ほっ》する所《ところ》に従《したが》って、矩《のり》を踰《こ》えず。

現代語訳

先生が言われた。「私は十五歳で学問に志し、三十にして独り立ちした。四十になって迷わなくなり、五十にして天命を知った。六十になり人の言葉を素直に聞けるようになり、七十になって思ったことを自由にやっても道を外すことはなくなった」

味わうポイント

『論語』のなかでも有名な、孔子自身の人生を語った言葉です。

こんなふうに、年齢で区切って人生を考えるようなことは、孔子が教えてくれないと、なかなかできるものではありません。そこに注目していただきたいところです。

これから後半生を迎えるみなさんにとって味わい深いのは、五十歳以降のくだりでしょう。

五十歳という人生の先が見えてくるこの時期は、自分がこの世に生を受けたミッションは何かを考えてみたときに、「これだったんだ」とわかる年齢だということです。もちろん、もっと若いときにわかる人もいるでしょうけれど、五十になると改めて実感すると思うのです。

若いころと違って、もうたくさんの時間が残されているわけではありません。そのなかで、自分がこの世でなすことは一つなんだというふうに思い直して後半生を生きる。そのきっかけが「五十にして天命を知る」ということでしょう。

続く六十・七十がまた、おもしろいところです。

人間、年をとるとガンコになっていくものですが、だからこそ六十歳の身には「素直になろうよ」と言う孔子の言葉が響きます。

さらに七十歳になったら、自由と節度のバランスがとれた状態になる。本人的には自由気ままに暮らしていながら、誰にも迷惑をかけないというのは、理想の生き方のように思えます。

「後半生はまず、天命を成し遂げ、余生はガンコでワガママなゆえに嫌われる年寄りにはならないようにしよう。上機嫌で、柔軟に人の話を聞くようにしよう。自由にふるまってなお、愛される人物になろう」

そんな思いを込めて、音読してみてください。

一つの価値観を貫く

『論語《ろんご》』（衛霊公第十五《えいれいこうだいじゅうご》　三《さん》）　孔子《こうし》

子曰《しのたま》わく、賜《し》や、女予《なんじわ》れを以《もっ》て多《おお》く学《まな》びてこれを識《し》る者《もの》と為《な》すか。対《こた》えて曰《い》わく、然《しか》り、非《ひ》なるか。曰《のたま》わく、非《ひ》なり。予《わ》れは一以《いつもっ》てこれを貫《つらぬ》く。

現代語訳

先生が子貢《しこう》にいわれた。「賜《し》よ、おまえは私のことを、たくさん学んで覚えている者だと思っているか」。子貢が、「その通りでございます。ちがいますでしょうか」と答えると、先生はこういわれた。「ちがうよ。私は一つの道理をもって世のさまざまな事に対する、いわば『一以《いつもっ》てこれを貫《つらぬ》く』者だ」

味わうポイント

中高年になったとき、「一以《いつもっ》てこれを貫く」というのは、けっこう重要なキーワードになるのではないでしょうか。

「一つのこと」とは職業というより価値観です。四十代くらいまでは、自分はこれができるとか、これを知っているとかいったことが大切かもしれませんが、五十を過ぎると違ってきます。「自分のなかに、何か大切なものが一つ流れている」という感覚が幸福感につながると思うのです。

自分にとってその「一」は何なのか。はっきり言葉にして言えなくても、「何となく、一つのものが流れている気がする」という感覚自体が大切だと思います。

この「一以てこれを貫く」という言葉は、「里仁《りじん》第四　十五」にも出てきます。ここでは参《しん》（曾子《そうし》）という弟子に孔子がこう言います。

吾《わ》が道《みち》は一以《いつもっ》てこれを貫《つらぬ》く。

これを聞いた門人が、孔子の出て行った後に「どういう意味ですか?」と問うたところ、曾子は「先生の道は忠恕《ちゅうじょ》の心のみである」と答えます。真心と思いやりこそが、孔子が生涯でただ一つ貫いた最も大事な価値観だと曾子は言います。

孔子の思いを一つに決めることはできませんが、「一つのことで貫く」という生き方を孔子が何より大切にしていたということがわかる言葉です。

平時の備えに心を砕く

『孫子《そんし》』（謀攻篇《ぼうこうへん》一《いち》）　孫武《そんぶ》

孫子《そんし》曰《いわ》く、凡《およ》そ用兵《ようへい》の法《ほう》は、国《くに》を全《まっと》うするを上《じょう》と為《な》し、国《くに》を破《やぶ》るは之《こ》れに次《つ》ぐ。軍《ぐん》を全《まっと》うするを上《じょう》と為《な》し、軍《ぐん》を破《やぶ》るは之《こ》れに次《つ》ぐ。旅《りょ》を全《まっと》うするを上《じょう》と為《な》し、旅《りょ》を破《やぶ》るは之《こ》れに次《つ》ぐ。卒《そつ》を全《まっと》うするを上《じょう》と為《な》し、卒《そつ》を破《やぶ》るは之《こ》れに次《つ》ぐ。伍《ご》を全《まっと》うするを上《じょう》と為《な》し、伍《ご》を破《やぶ》るは之《こ》れに次《つ》ぐ。是《こ》の故《ゆえ》に百戦百勝《ひゃくせんひゃくしょう》は、善《ぜん》の善《ぜん》なる者《もの》には非《あら》ざるなり。戦《たたか》わずして人《ひと》の兵《へい》を屈《くっ》するは、善《ぜん》の善《ぜん》なる者《もの》なり。

要約

孫子は言う。およそ戦争における兵の用い方としては、敵国に傷を負わせず降服させるのが上策で、打ち破って屈服させることはそれより劣る。軍団、旅団、大隊、小隊についても同様である。したがって、百戦百勝は最善ではない。戦わないで敵兵を屈服させることが、もっとも優れている。

味わうポイント

最後の一文が有名です。

『孫子』はいわゆる兵法書ですが、いかにして戦うかを述べた「戦術論」と、戦う前の心構えに軸足を置いた「戦略論」と、大きく二つの面から戦い方を説いています。

ナポレオンのような戦いを仕事とする人にとって刺激的な書である一方で、近年は松下幸之助やビル・ゲイツなどの経営者にも影響を与えました。

ようするに「戦わずして勝つ」、言い換えれば「自分の思い通りに事を運ぶために、戦わなくてもすむ方法を考える」ことは、政治でも経営でも個人の人生でも、あらゆる争いの眼目になるということです。

それを一言で言うと「交渉力」でしょう。

私は以前、弁護士の射手矢好雄《いてやよしお》さんと『ふしぎとうまくいく交渉力のヒント』（講談社刊）という本を出させていただいたのですが、そのときに彼がこう言っていました。

「自分たち側だけが勝つような交渉を目指してもうまくいかない。win-winで両方にメリットのある交渉をしてこそうまくいく。そのためにまず大事なのが、互いの利益は何かを考えること。次にオプション、つまり＋αでくっつけられる条件、それからＢＡＴＮＡ《バトナ》（Best Alternative to a Negotiated Agreement＝交渉決裂に備えて、もう一つの選択肢を用意しておくこと）を考えることが重要である」

この言い方を借りると、孫子は戦いを、利益とオプションとＢＡＴＮＡで交渉していくものと考えていた、とも捉えられます。

射手矢さんはまた「弁護士の仕事はPrepare! Prepare! Prepare!!《プリペア》だ」というふうにもおっしゃっていました。一にも二にも「Prepare」、つまり「準備」が大事だということです。

これを『孫子』にあるもう一つの有名な言葉、

彼《か》れを知《し》りて己《おのれ》を知《し》れば、百戦《ひゃくせん》して殆《あや》うからず。

（謀攻篇《ぼうこうへん》　三《さん》）

と合わせて考えるといいでしょう。相手の事情とこちらの事情をすり合わせて、油断せずに準備を整えて交渉すると、万事うまくいくということです。

ここは、孫子からの「相手のことも自分のこともよく調べて、準備しなさい」というメッセージをしかと受け止めながら、自戒を込めて音読したいところです。

無常観が穏やかな日々をつくる

『方丈記《ほうじょうき》』（冒頭《ぼうとう》）　鴨長明《かものちょうめい》

　ゆく河《かわ》の流《なが》れは絶《た》えずして、しかももとの水《みず》にあらず。よどみに浮《うか》ぶうたかたは、かつ消《き》えかつ結《むす》びて、久《ひさ》しくとゞ《ど》まりたるためしなし。世中《よのなか》にある人《ひと》と栖《すみか》と、又《また》かくのごとし。たましきの都《みやこ》のうちに、棟《むね》を並《なら》べ、甍《いらか》を争《あらそ》へる、高《たか》き卑《いや》しき人《ひと》のすまひは、世々《よよ》を経《へ》て尽《つ》きせぬ物《もの》なれど、是《これ》をまことかと尋《たず》ぬれば、昔《むか》しありし家《いえ》はまれなり。或《あるい》は去年《こぞ》焼《や》けて今年作《ことしつく》れり。或《あるい》は大家滅《おおいえほろ》びて小家《こいえ》となる。住《す》む人《ひと》も是《これ》に同《おな》じ。所《ところ》もかはらず、人《ひと》も多《おお》かれど、古見《いにしえみ》し人《ひと》は二三十人《にさんじゅうにん》が中《うち》に、わづ《ず》かに一人二人《ひとりふたり》なり。朝《あした》に死《し》に、夕《ゆうべ》に生《うま》るゝ《る》ならひ《い》、たゞ《だ》水《みず》の泡《あわ》にぞ似《に》たりける。不知《しらず》、生《うま》れ死《し》ぬる人《ひと》、いづ《ず》かたより来《きた》りて、いづ《ず》かたへ《え》か去《さ》る。又《また》不知《しらず》、仮《かり》の宿《やど》り、誰《た》が為《ため》にか心《こころ》を悩《なや》まし、何《なに》によりてか目《め》を喜《よろこ》ばしむる。その主《あるじ》とすみかと、無常《むじょう》を争《あらそ》ふ《う》さま、いは《わ》ば朝顔《あさがお》の露《つゆ》に異《こと》ならず。或《あるい》は露落《つゆお》ちて花残《はなのこ》れり。残《のこ》るといへ《え》ども、朝日《あさひ》に枯《か》れぬ。或《あるい》は花《はな》しぼみて露《つゆ》なほ《お》消《き》えず。消《き》えずといへ《え》ども、夕《ゆうべ》を待《ま》つ事《こと》なし。

現代語訳

川の流れは絶えることがなく、しかも決して元と同じ水ではない。淀みに浮かぶ水の泡も消えてはできて、長く同じところに留まっていることはない。世の人と住まいも河や水の泡と同じようなものである。

玉を敷いたように美しい京の都には、多くの家々が棟を並べて、その屋根の瓦の高さを競っている。身分の高い人の家、低い人の家は幾世代経ても消えはしないものだが、これが本当かと尋ねてみると、昔あったままの家というのは稀である。去年火事で焼けて、今年建て直した家もあれば、かつては豪邸だったが、いまは貧しく小さな家になっている例もある。

そこに住む人も同じだ。家がある場所も変わらず、人間も多いけれど、その家を昔見たことがあるという人は二十、三十人のうちわずか一人か二人くらいのものである。

朝に誰かが死に、夕べに誰かが生まれるという人の世の習いは、浮かんでは消える水の泡にも似ている。この世に生まれて死んでいく人たちが、どこから来て、どこへ去っていくのか、私は知らない。

また、ほんの一時住むだけの現世の仮の住まいを、誰のために苦労して建て、何のために立派な外観にして喜んでいるのか、私にはわからない。

家とその主がはかない無常を争っている様は、朝顔の花につく露と同じようなものだ。露が落ちて朝顔の花だけが残っていても、朝日の照る時間には枯れてしまう。逆に、花が先にしぼんで、露が残ったとしても、その露は夕べになる前には消えてしまう。

味わうポイント

無常観というのは日本人に馴染んでいるものですが、いまの人は昔の人ほどの覚悟をもって無常観と向き合ってはいないように思えます。

しかし、五十歳以降の後半生は、無常観に対する覚悟が大事になってきます。なぜなら、「この世に常なるものはなし。未来永劫《えいごう》変わらない絶対的なものなど何もない」と覚悟を決めるほうが、どう世の中が変わろうと、心穏やかに日々を過ごすことができるからです。

もっと言うなら、「無常観＋上機嫌」でしょうか。無常観を持っていて不機嫌だと、ちょっと暗い感じがして、周りの人に好かれません。それよりも「世の中の変化を受け入れながら、柔軟に明るく生きていくよ」などとカラリとしているほうがずっといい。若い人の目には、好もしい年寄りに映るでしょう。好かれます。

たとえば、一休や良寛などの達人的な禅僧は、厳しい修行を乗り越えて無常観を体得しました。常なるものはなし、すべて移り変わると覚悟を決めたことで、世の中を透徹して観る目を養いました。

言ってみればそれは、「無常のワザ化」です。

無常を「感じる」のではなく「見通す」、いいことも悪いことも無常であるというブレない価値観を持つとき、「無情感」は「無常観」へと変じるのだと思います。

そういう気持ちになれれば、物事に一喜一憂したり、うまくいかなくてイライラしたりする日常から離れて、穏やかに笑っていられるようになれるはずです。

人生は必然

『塞翁《さいおう》が馬《うま》』

淮南子《えなんじ》

塞上《さいじょう》に近《ちか》きの人《ひと》に、術《じゅつ》を善《よ》くする者有《ものあ》り。馬故無《うまゆえな》くして亡《に》げて胡《こ》に入《い》る。人皆之《ひとみなこれ》を弔《とむら》ふ。其《そ》の父曰《ほいわ》はく、「此《こ》れ何《な》遽《ん》ぞ福《ふく》と為《な》らざらんや。」と。居《お》ること数月《すうげつ》、其《そ》の馬《うま》、胡《こ》の駿馬《しゅんめ》を将《ひき》ゐ《い》て帰《かえ》る。人皆之《ひとみなこれ》を賀《が》す。其《そ》の父曰《ほいわ》はく、「此《こ》れ何遽《なん》ぞ禍《わざわい》ひと為《な》る能《あたわ》はざらんや。」と。家良馬《いえりょうば》に富《と》む。

其《そ》の子《こ》、騎《き》を好《この》み、墮《お》ちて其《そ》の髀《ひ》を折《お》る。人皆之《ひとみなこれ》を弔《とむら》ふ。其《そ》の父曰《ほいわ》はく、「此《こ》れ何遽《なん》ぞ福《ふく》と為《な》らざらんや。」と。居《お》ること一年《いちねん》、胡人大《こひとおお》いに塞《さい》に入《い》る。丁壮《ていそう》なる者《もの》は弦《げん》を控《ひ》きて戦《たたか》ひ、塞上《さいじょう》の人《ひと》、死《し》する者十《ものじゅう》に九《く》、此《こ》れ独《ひと》り跛《は》の故《ゆえ》を以《もっ》て、父子相保《ふしあいたも》つ。故《ゆえ》に福《ふく》の禍《わざわ》ひと為《な》り、禍《わざわ》ひの福《ふく》と為《な》るは、化極《かきわ》むべからず、深測《しんはか》るべからざるなり。

現代語訳

辺境の砦《とりで》の近くに住む、年老いた占いの名人がいた。彼の馬がなぜか逃げて、胡の地方に行ってしまった。近所の人々は皆、慰めの言葉をかけた。すると、その老人は「このことがどうして、幸いにつながらないことがあろうか」と言った。

数か月後、逃げた馬が胡の名馬を連れて帰って来た。人々は皆、お祝いの言葉をかけた。すると、その老人は「このことがどうして、不幸につながらないことがあろうか」と言った。

老人の家は良馬に恵まれた。息子は乗馬を好み、あるとき落馬して、足の骨を折ってしまった。人々は皆、慰めの言葉をかけた。すると、その老人は「このことがどうして、幸いにつながらないことがあろうか」と言った。

一年後、胡の軍隊が砦に攻め込んできた。若くて元気のいい者たちは弓をひいて戦い、砦付近に住む人の十人中九人が死んだ。けれども、その老人の息子は片足が不自由であったために戦争に行かずにすみ、親子ともども無事であった。

したがって、幸いが不幸となったり、逆に不幸が幸いになったりする、そういう物事の変化の妙は極めることができないし、その奥深さは測り知ることができないのである。

味わうポイント

この話の出典は『淮南子《えなんじ》』という書物です。漢の淮南《わいなん》王劉安が学者を集めてつくったもので、二十一篇が現存します。

人の運命は予測し難く、幸不幸や物事の良し悪しというのは起きた時点で簡単に判断できるものではない。だから、何があろうと、いたずらに一喜一憂せず、現実をあるがままに受け止めるのが一番いいんだ。ここではそんなことを教えてくれます。

たとえば、そのときは自分にとって最悪に思えたことが、後になって振り返ったときに「あれがなかったら、いまの自分の幸せはなかったなぁ」としみじみする。人生も半ばにさしかかると、誰しもそんな感慨に浸ることがあるのではないかと思います。「現時点で幸いも不幸も決められない」とするこの物語の老人は、だからこそどんなときも心が揺らぐことのない強さがあります。これも中高年に必要な覚悟と言えるでしょう。

「現実をあるがままに受け止める」ことの大切さで言えば、ニーチェの『ツァラトゥストラ』の次の文章とセットで音読するのも一興でしょう。

『ツァラトゥストラ』（第三部《だいさんぶ》　幻影《げんえい》と謎《なぞ》）　ニーチェ（訳《やく》・手塚富雄《てづかとみお》）

それにしても、勇気《ゆうき》は最善《さいぜん》の殺害者《さつがいしゃ》である、攻撃《こうげき》する勇気《ゆうき》は。それは死《し》をも打《う》ち殺《ころ》す。つまり勇気《ゆうき》はこう言《い》うのだ。「これが生《せい》だったのか。よし。もう一度《いちど》」と。

味わうポイント

この言葉の根底にあるのは、「永遠回帰の思想」です。どんなにいやなこと、苦しいこと、つらいことがあっても、それらは繰り返されるものだという覚悟をもって、現在の一瞬に命の炎を燃やして生きよ、とニーチェは説いているのです。

ふつう、人は不幸・不運に見舞われると、マイナスの要素にだけ目を向けて「こうであればよかったのに」「あんなことさえなければよかったのに」などと〝恨み節〟の一つもうなりたくなるものです。しかし、現実にそうならなかった以上、いくら「もしも」とつぶやいてみたところで、何も変わりません。

だったら、そんな無意味な夢想に囚われていてもしょうがない。ニーチェの言葉よろしく、「よし、もう一度」と力強く叫んだほうが、これからも繰り返されるであろう不幸・不運を迎え撃つべく、腹が据《す》わります。前を向いて歩きだせるのです。

もちろん、実際には同じ不幸・不運が繰り返されることはめったにありません。それでもあえて「もう一回、同じ辛酸《しんさん》をなめながら生きてやる」と覚悟してみるのです。

そうすると、自分の人生を「必然」と捉えることができるようになります。本当は人生というのは「偶然の連鎖」なのですが、その連鎖のなかで生きた自分は必然であると思えるのです。

心静かに現実を受け入れる『塞翁が馬』と対比すると、『ツァラトゥストラ』はもう一歩踏み込んで現実のなかに飛び込んでいく感じがします。両者に共通するのは、いまの自分を肯定することによって、人生のすべてを肯定している点でしょうか。

いずれにせよ、この二つを音読すると、後半生を運・不運、幸・不幸に左右されることなく独立独歩で生き抜く元気がわいてくると思います。

『塞翁が馬』はしみじみ静かに、『ツァラトゥストラ』は力強く大きな声で読んでみてください。

死の覚悟をもっていまを生きる

幸若舞《こうわかまい》『敦盛《あつもり》』

人間《にんげん》五十年《ごじゅうねん》化天《げてん》の内《うち》をくらぶれば、夢幻《ゆめまぼろし》のごとくなり。

一度生《ひとたびしょう》を受《う》け滅《めっ》せぬ者《もの》の有《あ》るべきか。

現代語訳

人間の世界の五十年は、化天（「下天」と書くこともある）の世界の時間に比べてみれば、夢か幻かと思うほどにはかなく短い時間である。

人間たる者、この世に生を受けたからには、いつかは必ず死ぬのである。

味わうポイント

これは、織田信長が好んで舞ったと伝えられる幸若舞《こうわかまい》の謡《うたい》の一節です。幸若舞というのは室町後期、桃井直詮《もものいなおあき》（幼名・幸若丸）が創始した芸能の一つ。多くは武士の世界を素材とし、烏帽子《えぼし》や直垂《ひたたれ》を着用して鼓に合わせて謡い舞うものです。

小説やドラマなどでもよく、信長が本能寺で暗殺される直前にこれを舞う場面が描かれていて、「信長といえば敦盛」というくらい有名です。

かつての武将というのは、舞いや謡、茶の湯などを一つの素養として当然のごとく身につけていました。現代の政治家やビジネスリーダーたちにとって、そういう文化的素養を備えていることは必ずしも絶対条件ではありません。それだけに、中世の武士に対するほのかなあこがれを感じる部分もあるでしょう。リーダーには文化的素養を身につけていてほしいものです。

この謡の底流には「死生観」があるように思われます。

では「死生観」とは何か。私たちはごく自然に「死生観」という言葉を使っていますが、「生きて死ぬ」という順番から言うと「生死観」と表現したほうが正しい、という見方もできます。それをわざわざ順番を逆にして表現したところに、意味があると感じます。

「死というものを意識して、生を考える」

それこそが「死生観」であり、「死の覚悟なくしては生の覚悟もできない」というところを出発点としているわけです。

それはつまり、死を覚悟したときに芽生える「いまという一瞬一瞬に命がけになる」という生き方です。

『敦盛』では「人間の人生はしょせん五十年。夢幻のごとく短く、はかないものだ」としています。

比べているのが、化天に生まれた者の寿命です。仏教では、一切衆生《いっさいしゅじょう》の生死輪廻《りんね》する三種の世界「三界」があって、化天は「欲界」の六天の一つである化楽天《けらくてん》のこと。この天に生まれた者は人間の八百歳を一日として、八千歳の長寿を保つとされています。

現代は超高齢社会といえども、人生八十年、百年くらいのもの。化天に比べれば短いことに変わりはないでしょう。人間の一生ははかない、ということです。

おそらく信長は、『敦盛』を舞いながら、自分のなかに死の覚悟を刻みつけ、いまを真剣に生きる気持ちを鼓舞していたのでしょう。こういうものを読み上げるだけでも、信長の気持ちに触れる気がします。力強く声に出して読めば、生きる力がわいてくるようで、なかなかいいものです。

何か困ったことがあったり、気持ちが萎《な》えてしまったりしたようなときはぜひ、『敦盛』を暗誦してみてください。「人生は短し。夢幻のようなものだ。それだけに悔いのないよう生きよう」と覚悟が決まり、目先のことに振り回される自分を客観視して心の整理をしたり、新たな行動に踏み出す勇気を出したりするのに役立つと思います。

若い心意気がよみがえる

『将《まさ》に東遊《とうゆう》せんとして壁《かべ》に題《だい》す』

釈月性《しゃくげっしょう》

男児《だんじ》　志《こころざし》を立《た》てて郷関《きょうかん》を出《い》づ
学《がく》　若《も》し成《な》る無《な》くんば復《ま》た還《かえ》らず
骨《ほね》を埋《うず》むる何《なん》ぞ期《き》せん　墳墓《ふんぼ》の地《ち》
人間《じんかん》到《いた》る処《ところ》　青山《せいざん》有《あ》り

現代語訳

男たる者、志を立てて故郷を出たからには、学問が成就しないうちは何があろうと帰らない。私が骨を埋める場所を、どうして故郷の墓地に限ることがあろうか。広い世間にはどこにでも、死んで骨を埋めるにふさわしい青々とした美しい山があるではないか。志を持ち外に出て活躍せよ。

味わうポイント

これは漢詩ですが、作者は釈月性《しゃくげっしょう》という日本人です。吉田松陰ら幕末の志士とも親交があったという、なかなか血気盛んな若者であったようです。

この漢詩からも、学問成就に対して相当の覚悟をもって故郷を後にしたことがうかがわれます。

いまはここまで覚悟して学問に取り組む人は少ないでしょう。また現代の若者は「草食系」などと呼ばれ、比較的小ぢんまりとまとまりがち。それだけに立志に燃える月性の思いに触れると、新鮮な感動を覚えるのではないでしょうか。

立志というのは、自分の人生を自らの手ですばらしい作品に創り上げるという意志であり、そこに敢然と立ち向かう心意気です。

あるいは「自分の人生を意義あるものにするぞ！」とか「成功して、故郷に錦を飾るんだ！」「世のため人のために尽くす立派な人物になってやる！」といった気概と言ってもいい。

月性も幕末の志士たちもそうして、将来を切り開いていくことに対する覚悟を口にしながら気持ちを盛り上げ、人生に勢いをつけていたところがあったように思います。志が人生を華やかにしてくれたわけです。

そんな心意気に満ちたこの漢詩を読み上げると、実に気分がいいものです。ともすれば弱気になりがちな自分の心に、若き日の情熱がよみがえるような感覚も得られるでしょう。

もう一つ注目すべきは、最後の「人間到る処　青山有り」という一行から伝わってくる、

「どこで人生を終えることになったってかまいはしない」

という覚悟です。この「人間」は「世間」を意味する「じんかん」と読むのが妥当でしょう。

また「青山」には、「青々とした美しい山」のほかに「墓地」という意味があります。

月性はこの「青山」の一語に、文字通りの意味にはとどまらない、男の心意気のようなものを込めています。

自分の志を遂げる土地で精いっぱい活躍し、そこで一生を終えることを潔《いさぎよ》しとしているのです。

日本は東京へと上京した若者たちの志のエネルギーで近代化に成功しました。いわば「上京力」が日本のパワーの源になっていたのです。

若き日の熱い心がよみがえるようなところもまた、中高年の心に響くところでしょう。

コラム・脳を刺激する「数かぞえ歌」

日本のことわざには、一、二、三と数をかぞえて言葉を続けるものがけっこうあります。有名どころでは、

一富士《いちふじ》　二鷹《にたか》　三茄子《さんなすび》

一姫《いちひめ》　二太郎《にたろう》

一《いち》に看病《かんびょう》　二《に》に薬《くすり》

といったようなものです。縁起のいいものとか、幸運・幸福に恵まれるために大

事なことや条件などを順位づけして、テンポよくかぞえ上げていくところにおもしろさがあります。
こういったことわざとは別に、日本には「数かぞえ歌」というものもあります。そのなかで中高年におススメしたいのは、おはじきや毬《まり》つき、お手玉など、手や体を動かしながら歌われたものです。複数の動作をいっしょにやらなければならないので、脳のトレーニングにはもってこいです。
おはじきの唄である『いちじく人参』と、「大黒舞」の文句であり、手毬歌にも歌われた『一に俵をふんまえて』と、二つほど紹介しましょう。

『いちじく人参《にんじん》』

無花果《いちじく》　人参《にんじん》　山椒《さんしょ》に　椎茸《しいたけ》　牛蒡《ごぼう》に　無患子《むくろじゅ》　七草《ななくさ》
初茸《はつたけ》　胡瓜《きゅうり》に　冬瓜《とうがん》

『一《いち》に俵《たわら》をふんまえて』

大黒《だいこく》という人《ひと》は、一《いち》に俵《たわら》を踏《ふ》んまえて、二《に》ににっこり笑《わら》って、三《さん》に盃《さかずき》さしあげて、四《よっ》つ世《よ》の中《なか》よいように、五《いっ》ついつもの若《わか》い者《もの》、六《むっ》つ無病息災《むびょうそくさい》で、七《なな》つ何事《なにごと》ないように、八《やっ》つ屋敷《やしき》を押《お》し広《ひろ》め、九《ここの》つこ倉《くら》を建《た》て並《なら》べ、十《とお》でとっくり納《おさ》まった

もう一つ触れておきたいものに、良寛さんのつくった手毬歌があります。良寛さんは「人生を遊ぶ達人」で、自分で手毬をつくって子どもたちと毬つきをするのが大好きだったようです。

「ひぃ、ふぅ、みぃ」と毬をつき、その動作に歌をのせていく。しかも、その歌の

言葉が名所を並べたものだったりして、教育効果もある。そういう遊び方はなかなかいいものですので、孫と楽しむのも一興かと思います。『かもめ、かもめ』や『はないちもんめ』など、友だちと歌いながら遊んだ昔を思い出しながら。

ここでは良寛さんの『手毬をよめる』を紹介しましょう。良寛さんが子どもたちに交じって、夢中になって毬つきをする姿が彷彿《ほうふつ》とするようです。

『手毬《てまり》をよめる』　良寛《りょうかん》

冬《ふゆ》ごもり　春《はる》さりくれば
飯乞《いいこう》ふと　草《くさ》のいほり《お》を
立《た》ち出《い》でて　里《さと》にいゆけば
里子《さとこ》ども　今《いま》を春《はる》べと

たまほ《(ぼ)》この　道《みち》の巷《ちまた》に
手毬《てまり》つく　我《われ》もまじりて
その中《なか》に　ひふみよいむな
汝《な》がつけば　吾《あ》はうたひ《い》
あがうたへ《え》ば　なはつく
つきてうたひ《い》て
霞《かすみ》立《た》つ　ながき春日《はるひ》を
暮《く》らしつるかも

霞《かすみ》立《た》つ永《なが》き春日《はるひ》を子《こ》どもらと手毬《てまり》つきつつこの日暮《ひく》らしつ

2章 老いてなお よく学び よく遊べ

勉強への意欲を再燃させる

『学問《がくもん》のすゝ《す》め』（初編《しょへん》）

福沢諭吉《ふくざわゆきち》

「天《てん》は人《ひと》の上《うえ》に人《ひと》を造《つく》らず、人《ひと》の下《した》に人《ひと》を造《つく》らず」といへ《え》り。されば天《てん》より人《ひと》を生《しょう》ずるには、万人《ばんにん》は万人《ばんにん》みな同《おな》じ位《くらい》にして、生《う》まれながら貴賤上下《きせんじょうげ》の差別《さべつ》なく、万物《ばんぶつ》の霊《れい》たる身《からだ》と心《こころ》との働《はたら》きをもつ《っ》て、天地《てんち》の間《かん》にあるよろづ《ず》の物《もの》を資《と》り、もつ《っ》て衣食住《いしょくじゅう》の用《よう》を達《たっ》し、自由自在《じゆうじざい》、互《たが》ひ《い》に人《ひと》の妨《さまた》げをなさずして、おのおの安楽《あんらく》にこの世《よ》を渡《わた》らしめたまふ《う》の趣意《しゅい》なり。

されども今広《いまひろ》くこの人間世界《にんげんせかい》を見渡《みわた》すに、かしこき人《ひと》あり、おろかなる人《ひと》あり、貧《まず》しきもあり、富《と》めるもあり、貴《き》人《じん》もあり、下人《げにん》もありて、そのありさま雲《くも》と泥《どろ》との相違《そうい》あるに似《に》たるは何《なん》ぞや。その次第《しだい》、はなはだ明《あき》らかなり。『実語教《じつごきょう》』に、「人学《ひとまな》ばざれば智《ち》なし、智《ち》なき者《もの》は愚人《ぐじん》なり」とあり。されば賢人《けんじん》と愚人《ぐじん》との別《べつ》は、学《まな》ぶと学《まな》ばざるとによりて出来《でき》るものなり。また世《よ》の中《なか》にむづ《ず》かしき仕事《しごと》もあり、やすき仕事《しごと》もあり。そのむづ《ず》かしき仕事《しごと》をする者《もの》を身《み》分重《ぶんおも》き人《ひと》と名《な》づけ、やすき仕事《しごと》をする者《もの》を身分軽《みぶんかる》き人《ひと》といふ《う》。すべて心《こころ》を用《もち》ひ《い》心配《しんぱい》する仕事《しごと》はむづ《ず》かしくして、手足《てあし》を用《もち》ふ《う》る力役《りきえき》はやすし。ゆゑ《え》に、医者《いしゃ》・学者《がくしゃ》・政府《せいふ》の役人《やくにん》、または大《だい》なる商売《しょうばい》をする町人《ちょうにん》、あまたの奉公人《ほうこうにん》を召《め》し使《つか》ふ《う》大百姓《おおびゃくしょう》などは、身分重《みぶんおも》くして貴《とうと》き者《もの》といふ《う》べし。身分重《みぶんおも》くして貴《とうと》ければ、おのづ《ず》からその家《いえ》も富《と》んで、下々《しもじも》の者《もの》より見《み》れば及《およ》ぶべからざるやう《よ》なれども、その本《もと》を尋《たず》ぬれば、ただその人《ひと》に学問《がくもん》の力《ちから》あるとなきとによりてその相違《そうい》も出《で》来《き》たるのみにて、天《てん》より定《さだ》めたる約束《やくそく》にあらず。諺《ことわざ》にいは《わ》く、「天《てん》は富貴《ふうき》を人《ひと》に与《あた》へ《え》ずして、これをその人《ひと》の働《はたら》きに与《あた》ふ《う》る者《もの》なり」と。されば前《まえ》にもいへ《え》る通《とお》り、人《ひと》は生《う》まれながらにして貴賤《きせん》・貧富《ひんぷ》の別《べつ》なし。ただ学問《がくもん》を勤《つと》めて物事《ものごと》をよく知《し》る者《もの》は、貴人《きじん》となり富人《ふじん》となり、無学《むがく》なる者《もの》は、貧人《ひんにん》となり下人《げにん》となるなり。

現代語訳

「天は人の上に人を造らず、人の下に人を造らず」と言われている。つまり、天が人を生み出したときは、人はみな同じ権利を持ち、生まれによる身分の上下はなく、万物の霊長たる人間としての身と心を働かせて、この世にあるあらゆるものを利用し、衣食住の必要を満たし、自由自在に、また互いに人の邪魔をせず、それぞれが安楽に世を過ごしていけるようにしてくれるということだ。

しかし、この人間界を広く見渡してみると、賢い人も愚かな人もいる。貧しい人、裕福な人がいるし、社会的地位の高い人、低い人がいる。このような雲泥の差とも言うべき違いは、どうして出てくるのか。

その理由は明確だ。『実語教』という道徳の本のなかに、こう書かれている。「人は学ばなければ、(物事を理解・判断するための)智が得られない。智のない者は愚かな人である」と。そうであるならば、賢い人と愚かな人の違いは、学ぶか、学ばないかによって生じるものである。

また世の中には、難しい仕事・簡単な仕事がある。難しい仕事をする人の身分は重く、簡単な仕事をする人の身分は軽いとされる。何であれ、頭を使い気配りを要する仕事は難しく、体を使う力仕事はたやすい。だから、医者・学者・政府の役人、また大きな商売をする町人、多くの奉公人を抱える農家の人などは、身分が重く貴い人と言っていい。そういう人たちの家は自然と経済的にも豊かになり、庶民から見ればとてもおよびそうもないが、元を正せば、その人に学問の力があるか、ないかの違いであって、天が定めたものではない。

西洋のことわざでは「天は人に富貴を与えず、人の働きにこれを与える」と言われる。前に言ったように、人間には生まれによる身分の上下はない。ただ学問に精進し、物事をよく知っている人が社会的地位の高い裕福な人となり、無学な者は貧しく地位の低い人となるのである。

味わうポイント

福沢諭吉が明治初期に著した『学問のすゝめ』は、ある程度年齢がいってからのほうがよくわかる本の一つでしょう。

これを読んだ多くの中高年の方が改めて「勉強って、本当はおもしろいんだな」と認識し直すのではないかと思います。

とくに初編のこのくだりを読むと、これまでの経験から、「学ぶか、学ばないかで、人生に差が出てくるものだ」ということが、実感を伴って理解できます。そのことが「勉強をするのに遅すぎることはない」と一念発起して、勉強への意欲を再燃させることにつながっていきます。

大学の私の講義にも、社会人の方が一定数いらっしゃいます。彼らは好んで最前列の席に座り、やる気満々、真剣に受講しています。また、グループディスカッションなどでも積極的に発言。学生たちを大いに刺激するとともに、教室に活気をもたらしてくれます。

五十歳からの勉強というのは、現役の学生時代と違って、強制的にやらされるものではありません。「自分の人生をより豊かにしていきたい」という意思を持って、自ら「これを学ぼう」とチョイスしたものに取り組む、非常に自由度の高い勉強です。楽しくないわけがないのです。

『学問のすゝめ』は、人生の残り時間を考えたうえで勉強欲を再燃させる、そのための〝刺激剤〟ともなりうる一冊です。できれば部分的な音読に留まらず、全編読んでもらいたいところです。

老いを忘れるほどの楽しみを持つ

『論語《ろんご》』（述而《じゅつじ》第七《だいなな》　十八《じゅうはち》）　孔子《こうし》

葉公《しょうこう》、孔子《こうし》を子路《しろ》に問《と》う。子路《しろ》対《こた》えず。

子《し》曰《のたま》わく、女《なんじ》奚《な》んぞ曰《い》わざる、其《そ》の人《ひと》と為《な》りや、憤《いきどお》りを発《はっ》して食《しょく》を忘《わす》れ、楽《たの》しみて以《もっ》て憂《うれ》いを忘《わす》れ、老《お》いの将《まさ》に至《いた》らんとするを知《し》らざるのみと。

現代語訳

楚《そ》国の長官の葉公が子路に先生の人物についてたずねたが、子路は答えなかった。これを知った先生はこういわれた。

「お前はどうしてこう言わなかったのか。その人となりは、学問に発憤しては食べることも忘れ、道を楽しんで憂いを忘れ、老いてゆくことにさえ気づかないでいる、そんな人物だと」

味わうポイント

ここに出てくる「発憤」というのは、孔子の好きな言葉の一つです。「憤り」とは「怒る」ことではなく、「刺激を受けて心がわき立つ」というような意味です。

自分自身が夢中になって楽しめるものを追究することによって、日常のさまざまな煩わしいことを振り切り、また忍び寄る老いへの不安感を追い出していく。そんなふうに前に向かってぐいぐい進んでいく心の若さが伝わってきます。

孔子の場合は生涯、学問に情熱を燃やしましたが、学問でなくともけっこう。何か、追究しても追究しても終わりのない奥の深い世界が広がるような、心奪われる情熱の対象を見つけましょう。

そういうものがないと、老いに対する不安を抱えながら、縮こまって後半生を生きるしかなくなります。

不思議なもので、「自分は前に向かって進んでいる」という実感が持てるときは、遺伝子がスイッチ・オンするのか、免疫力が上がるようです。そういう状態に自分をもっていければ、それこそ老いることも忘れて、元気に生き生きと後半生を過ごすことができそうです。

やりたいことをどんどんやれ

『徒然草《つれづれぐさ》』（第百五十五段《だいひゃくごじゅうごだん》）　吉田兼好《よしだけんこう》

世《よ》に従《したが》はん人《ひと》は、先《ま》づ、機嫌《きげん》を知《し》るべし。序悪《ついであ》しき事《こと》は、人《ひと》の耳《みみ》にも逆《さか》ひ、心《こころ》にも違《たが》ひて、その事成《ことな》らず。さやう《よ》の折節《おりふし》を心得《こころう》べきなり。但《ただ》し、病《やまい》を受《う》け、子生《こう》み、死《し》ぬる事《こと》のみ、機嫌《きげん》をはからず、序悪《ついであ》しとて止《や》む事《こと》なし。生《しょう》・住《じゅう》・異《い》・滅《めつ》の移《うつ》り変《かわ》る、実《まこと》の大事《だいじ》は、猛《たけ》き河《かわ》の漲《みなぎ》り流《なが》るゝ《る》が如《ごと》し。暫《しば》しも滞《とどこお》らず、直《ただ》ちに行《おこな》ひ《い》ゆくものなり。されば、真《しん》俗《ぞく》につけて、必《かなら》ず果《はた》し遂《と》げんと思《おも》はん《わ》事《こと》は、機嫌《きげん》を言《い》ふ《う》べからず。とかくのもよひ《い》なく、足《あし》を踏《ふ》み止《とど》むまじきなり。

現代語訳

世間に順応したいと思う人は、まず物事がうまくいく時機を知らなくてはならない。事の順序を間違えると、人の耳にも逆らい、気持ちにもそむいて、思い通りに事が運ばない。そういう時機をわきまえるべきだ。

ただし、病気になること、子どもを産むこと、死ぬことだけは、時機を考慮せず、時機が悪いからといってやめる必要はない。

物が生じ、ある期間存続し、存続しながら絶えず変化し、やがて滅びる四相《しそう》（仏教ではあらゆる現象が生より滅に至る経過を「四有為相《しういそう》」という）の本当に大事なことは、水勢の激しい河が満ちあふれて流れていくようなものだ。少しの間も停滞することなく、どんどん実現してゆくものなのである。

だから、仏道修行においても、世渡りにおいても、必ず成し遂げようと思うことは、時機の良し悪しをはかってはならない。あれやこれやの準備をし、実行を遅らせてはならないのである。

味わうポイント

『徒然草』は冒頭・序段の二行があまりにも有名です。

つれづれ《づれ》なるまゝ《ま》に、日《ひ》くらし、硯《すずり》にむかひ《い》て、心《こころ》に移《うつ》りゆくよしなし事《ごと》を、そこはかとなく書《か》きつくれば、あやしうこそものぐるほ《お》しけれ。

ここは「心に去来する思いを、とりとめもなく書いていくと、ちょっと気持ちがざわざわしてくる」というような意味です。

ある年齢がきたときに、「書く」という行為は自分を見直すきっかけにもなるものです。作者の吉田兼好を倣《なら》って、短い文章を書くことは〝おススメ〟でもあります。

さて、百五十五段。ここでは「何事もタイミングを知ることが大事ですよ」と言っています。病気、出産、死など、自分の都合で時機をはかれないものについても触れているのは、ちょっとおもしろいところです。

また一方で、自分が必ず成し遂げようと思うことは、「いまの状況がどうとか、タイミングがどうとか言っていないで、どんどんやってしまえ」と言っています。やろうと思ったときこそがタイミングなんだ、ということでしょう。

とりわけ人生も半ばを過ぎ、残された時間がそう多くはなくなってきた中高年の人には、力強いメッセージとして響くでしょう。

「どんどんやれ」という意味では、第百五十段にもいいアドバイスがあります。

『徒然草《つれづれぐさ》』（第百五十段《だいひゃくごじゅうだん》）

吉田兼好《よしだけんこう》

能《のう》をつかんとする人《ひと》、「よくせざらんほどは、なまじひ《い》に人《ひと》に知《し》られじ。うち〳〵《うち》よく習《なら》ひ《い》得《え》て、さし出《い》でたらんこそ、いと心《こころ》にくからめ」と常《つね》に言《い》ふ《う》めれど、かく言《い》ふ《う》人《ひと》、一芸《いちげい》も習《なら》ひ《い》得《う》ることなし。

未《いま》だ堅固《けんご》かたほなるより、上手《じょうず》の中《なか》に交《まじ》りて、毀《そし》り笑《わら》はる〻《る》にも恥《は》ぢ《じ》ず、つれなく過《す》ぎて嗜《たしな》む人《ひと》、天性《てんぜい》、その骨《こつ》なけれども、道《みち》になづ《ず》まず、濫《みだ》りにせずして、年《とし》を送《おく》れば、堪能《かんのう》の嗜《たしな》まざるよりは、終《つい》に上手《じょうず》の位《くらい》に至《いた》り、徳《とく》たけ、人《ひと》に許《ゆる》されて、双《ならび》なき名《な》を得《う》る事《こと》なり。

天下《てんか》のものの上手《じょうず》といへ《え》ども、始《はじ》めは、不堪《ふかん》の聞《きこ》えもあり、無下《むげ》の瑕瑾《かきん》もありき。されども、その人《ひと》、道《みち》の掟正《おきてただ》しく、これを重《おも》くして、放埒《ほうらつ》せざれば、世《よ》の博士《はかせ》にて、万人《ばんにん》の師《し》となる事《こと》、諸道変《しょどうかわ》るべからず。

現代語訳

芸能を修得しようと思う人は、「上手になるまでは、学んでいることを人に知られないようにしよう。ひそかに修得し、上手になるほうがいい」とよく言うが、そういう人は芸を修得することはできない。

また、未熟なのに上手な人にまじって、笑われたり馬鹿にされたりしても恥と思わず、平気な顔をして練習を続けていく人は、生まれつきの素質がなくとも、芸能の道にたゆまず、いい加減にせずに何年か励んでいれば、素質があって練習を怠ける人よりは、結局は上手になり、徳も備わってきて、世間からも評価されて、一流と目されるようになるものだ。

天下に聞こえた上手でも、最初は下手だと言われることもあり、ひどい侮辱を受けたこともある。けれども、それぞれの道の掟に従って、これを大事にし怠けなければ、世の権威ともなり、立派な指導者にもなる。

味わうポイント

こちらは、芸事でも趣味でも何かを学んでいる人は、下手でもいいから人に見せたほうが上達する、ということを言っています。ここを読むと、上達するまで人に見せないなどとかっこうをつけている時間はないと思えてきます。

五十を越えてこそ、恥を捨てられます。私も五十近くになってチェロを始めてみました。あせらず、恥ずかしがらず、楽しむのが大切だと実感しています。

機会を逃さず大いに学べ

『雑詩《ざっし》』

陶潜《とうせん》

人生根蔕無《じんせいこんていな》し
飄《ひょう》として陌上《はくじょう》の塵《ちり》の如《ごと》し
分散《ぶんさん》して風《かぜ》を逐《お》いて転《てん》ず
此《こ》れ已《すで》に常《つね》の身《み》に非《あら》ず
地《ち》に落《お》ちて兄弟《けいてい》と為《な》る

何《なん》ぞ必《かなら》ずしも骨肉《こつにく》の親《しん》のみならん
歓《よろこび》を得《え》ては当《まさ》に楽《たのしみ》を作《な》すべし
斗酒《としゅ》比隣《ひりん》を聚《あつ》む
盛年《せいねん》重《かさ》ねて来《きた》らず
一日《いちじつ》再《ふた》たび晨《あした》なり難《がた》し
時《とき》に及《およ》んで当《まさ》に勉励《べんれい》すべし
歳月《さいげつ》は人《ひと》を待《ま》たず

現代語訳

人生はどうせ永久に生き続けるような根元を持たない。たとえるなら、風に吹き散らされて飄々《ひょうひょう》と舞う路上の塵のようなものである。そんな人生だから、みんな兄弟のようなもの。骨肉の親族のみにこだわる必要はない。うれしいことがあったら、大いに楽しもう。酒をたっぷり用意して、近所の仲間を集めて飲みまくろう。血気盛んな時期は二度と戻ってこないのだから。一日に二度目の朝は訪れないのだから。

ここぞの時機を逃すことなく、何事も励むべきである。歳月は人を待ってくれず、たちまち過ぎ去るものである。

味わうポイント

陶潜（陶淵明《とうえんめい》）のこの『雑詩』は、最後の「歳月は人を待たず」という名句でよく知られています。「勉励すべし」という言葉から「勉強を怠るな」と理解されることが多いのですが、そうではありません。

全体を読むとわかるように、「機会を逃さず、ちゃんと遊べ」と言っているのです。飲めるときに飲んでおけ、行楽に行きたいときに行っておけ、といった具合に。文字からの連想とまったく逆なのが、おもしろいところです。

五十歳からは、学ぶこと自体はすばらしいのですが、それが楽しいものでなければ意味がないのではないでしょうか。何事もそれが自分にとって遊びになる境地にまで持っていくのがいいと思います。

私なども五十の坂を越えるころから、仕事のことばかり考えずに、「機会を逃さずにちゃんと遊んでおこう」と思うようになりました。たとえば、講演で地方に出かけるとき、以前は九州でも北海道でもどこでも日帰りを常としていました。でもふと「これはイカン」と思ったのです。東京での仕事を優先する余り、「ついでに観光や温泉などを楽しむ」チャンスをみすみす逃すことになるからです。

だから最近は、せめて一泊して遊ぼう、おもに温泉に勉励しよう、と努めています。歳月は人を待ってくれないからこそ、大いに遊ぶ。そうして生きている実感を味わうのもいいものです。

最後の「時に及んで」以下の部分だけでも暗誦して、ときどきつぶやいてみるのもいいでしょう。

これと合わせて、ニーチェの『ツァラトゥストラ』の冒頭も、なかなかおもしろいと思います。まずは、そのくだりを紹介しましょう。

『ツァラトゥストラ』（第一部《だいいちぶ》　三様《さんよう》の変化《へんか》）　ニーチェ（訳《やく》・手塚富雄《てづかとみお》）

わたしは君《きみ》たちに精神《せいしん》の三様《さんよう》の変化《へんか》について語《かた》ろう。すなわち、どのようにして精神《せいしん》が駱駝《らくだ》となり、駱駝《らくだ》が獅子《しし》となり、獅子《しし》が小児《しょうじ》となるかについて述《の》べよう。

畏敬《いけい》を宿《やど》している、強力《きょうりょく》で、重荷《おもに》に堪《た》える精神《せいしん》は、数多《かずおお》くの重《おも》いものに遭遇《そうぐう》する。そしてこの強靭《きょうじん》な精神《せいしん》は、重《おも》いもの、最《もっと》も重《おも》いものを要求《ようきゅう》する。

何《なに》が重《おも》くて、担《にな》うのに骨《ほね》が折《お》れるか、それをこの重荷《おもに》に堪《た》える精神《せいしん》はたずねる。そして駱駝《らくだ》のようにひざまずいて、十分《じゅうぶん》に重荷《おもに》を積《つ》まれることを望《のぞ》む。（中略）

すべてこれらの最《もっと》も重《おも》いことを、重荷《おもに》に堪《た》える精神《せいしん》は、重荷《おもに》を負《お》って砂漠《さばく》へ急《いそ》ぐ駱駝《らくだ》のように、おのれの身《み》に担《にな》う。そうしてかれはかれの砂漠《さばく》へ急《いそ》ぐ。

しかし、孤独《こどく》の極《きわ》みの砂漠《さばく》のなかで、第二《だいに》の変化《へんか》が起《お》こる。そのとき精神《せいしん》は獅子《しし》となる。精神《せいしん》は自由《じゆう》をわがものとしようとし、自分自身《じぶんじしん》が選《えら》んだ砂漠《さばく》の主《あるじ》になろうとする。

（中略）

小児《しょうじ》は無垢《むく》である、忘却《ぼうきゃく》である。新《あたら》しい開始《かいし》、遊戯《ゆうぎ》、おのれの力《ちから》で回《まわ》る車輪《しゃりん》、始原《しげん》の運動《うんどう》、「然《しか》り」という聖《せい》なる発語《はつご》である。

そうだ、わたしの兄弟《きょうだい》たちよ。創造《そうぞう》という遊戯《ゆうぎ》のためには、「然《しか》り」という聖《せい》なる発語《はつご》が必要《ひつよう》である。そのとき精《せい》神《しん》はおのれの意欲《いよく》を意欲《いよく》する。世界《せかい》を離《はな》れて、おのれの世《せ》界《かい》を獲得《かくとく》する。

味わうポイント

ニーチェは、人間は次の三つの段階を経て「超人」になるとしています。

- **駱駝の時期——勉強して義務を果たさなければならない時代**
- **獅子の時期——自ら行動する自由を獲得する時代**
- **小児の時期——すべてを肯定し、遊ぶ時代**

これで言うと、五十歳前後の年齢はちょうど「小児の時期」に向かい始めるころでしょうか。子どもに返って、いまを楽しむ。そこを人生で行き着く理想郷と定め、大いに「勉励」してください。

別世界に遊ぼう

『荘子《そうじ》』（斉物論篇《せいぶつろんへん》）　荘子《そうじ》

昔者《むかし》、荘周《そうしゅう》、夢《ゆめ》に胡蝶《こちょう》と為《な》る。栩栩然《くくぜん》として胡蝶《こちょう》なり。自《みずか》ら喩《たのし》みて志《こころ》に適《かな》うか、周《しゅう》なることを知《し》らざるなり。俄然《がぜん》として覚《さ》むれば、則《すなわ》ち籧籧然《きょきょぜん》として周《しゅう》なり。知《し》らず、周《しゅう》の夢《ゆめ》に胡蝶《こちょう》と為《な》るか、胡蝶《こちょう》の夢《ゆめ》に周《しゅう》と為《な》るか。周《しゅう》と胡蝶《こちょう》とは、則《すなわ》ち必《かなら》ず分《ぶん》あらん。此《こ》れをこれ物化《ぶっか》と謂《い》う。

現代語訳

昔、荘周は自分が蝶になった夢を見た。とても楽しく、のびのびと心地よかったからだろう。自分が荘周であることを忘れていた。ところが、パッと目覚めると、まぎれもなく荘周であった。

荘周が蝶になった夢を見たのか、蝶が荘周になった夢を見ているのか、判然としない。荘周と蝶とが区分されている、そのことを物化、ものの変化という。

味わうポイント

「荘子」は「そうじ」と読みます。まとめて読む人は少ないようですが、読み物として非常におもしろいものです。機会を見つけて、読破に挑戦していただきたいところです。

さて、『荘子』で特徴的なのは、大変比喩が上手なことです。人生の大事なことを、エピソード的に語ってくれます。この『胡蝶の夢』もそう。夢のなかで蝶になった自分があまりにもリアルに感じられ、現実と夢との区別がわからなくなったというお話です。

これは、近松門左衛門の言う「虚実皮膜《きょじつひまく》」、つまり事実と虚構との中間に芸術の真実があるとする論にも通じるものでしょう。人生に置き換えれば、虚実ないまぜになるところに、生きるおもしろさがある、というふうにも捉えられます。

言い換えればそれは、別世界に遊ぶということです。

私も海外のミステリー小説が好きで、たとえば『フロスト警部』のシリーズ（イギリス、R・D・ウィングフィールド著）とか『ミレニアム』（スウェーデン、スティーグ・ラーソン著）などを読むと、いつの間にか作品の世界のなかに没入しています。

海外ドラマも好きで、『名探偵モンク』、『ライ・トゥ・ミー』、『グッド・ワイフ』などを寝る前に見ると、気持ちが別世界に飛んで行って、ふわふわと軽くなる感じです。海外もののほうが〝別世界度〟が高い分、入って行きやすいのかもしれません。

人間というのは、いまの現実だけで生きているのではありません。想像によりつくりあげる別世界に遊ぶというのもまた、生きていることなのです。

そんな気持ちで『胡蝶の夢』を読み、多層的な生き方を楽しみましょう。

これさえあれば生きていける

『徒然草《つれづれぐさ》』（第六十段《だいろくじゅうだん》）

吉田兼好《よしだけんこう》

真乗院《しんじょういん》に、盛親僧都《じょうしんそうず》とて、やんごとなき智者《ちしゃ》ありけり。芋頭《いもがしら》といふ物《うもの》を好《この》みて、多《おお》く食《く》ひけり。談義《だんぎ》の座《ざ》にても、大《おお》きなる鉢《はち》にうづ《ず》たかく盛《も》りて、膝元《ひざもと》に置《お》きつゝ《つ》、食《く》ひながら、文《ふみ》をも読《よ》みけり。患《わずら》ふ事《うこと》あるには、七日《なぬか》・二七日《ふたなぬか》など、療治《りょうじ》とて籠《こも》り居《い》て、思《おも》ふやう《うよ》に、よき芋頭《いもがしら》を選《えら》びて、ことに多《おお》く食《くい》ひて、万《よろず》の病《やまい》を癒《いや》しけり。人《ひと》に食《くわ》はする事《こと》なし。たゞ《だ》ひとりのみぞ食《くい》ひける。極《きわ》めて貧《まず》しかりけるに、師匠《ししょう》、死《し》にさまに、銭二百貫《ぜににひゃっかん》と坊《ぼう》ひとつを譲《ゆず》りたりけるを、坊《ぼう》を百貫《ひゃっかん》に売《う》りて、かれこれ三万疋《さんまんびき》を芋頭《いもがしら》の銭《あし》と定《さだ》めて、京《きょう》なる人《ひと》に預《あず》け置《お》きて、十貫《じっかん》づ《ず》つ取《と》り寄《よ》せて、芋頭《いもがしら》を乏《とも》しからず召《め》しけるほどに、また、他用《ことよう》に用《もち》ゐ《い》ることなくて、その銭皆《あしみな》に成《な》りにけり。「三百貫《さんびゃっかん》の物《もの》を貧《まず》しき身《み》にまうけて、かく計《はか》らひ《い》ける、まことに有《あ》り難《がた》き道心者《どうしんじゃ》なり」とぞ、人申《ひともう》しける。

この僧都《そうず》、或法師《あるほうし》を見《み》て、しろうるりといふ名《な》をつけたりけり。「とは何物《なにもの》ぞ」と人《ひと》の問《と》ひ《い》ければ、「さる物《もの》を我《われ》も知《し》らず。若《も》しあらましかば、この僧《そう》の顔《かお》に似《に》てん」とぞ言《い》ひ《い》ける。

現代語訳

真乗院に盛親僧都という尊い僧がいた。芋頭（サトイモの親芋と呼ばれる部分）というものを好み、たくさん食べた。仏教講読の講座の席でも芋頭をてんこ盛りにした大きな鉢を膝元に置いて、食べながら書を読んだ。病気になると、七日、十四日と療治と称して部屋に籠り、思いのままに良い芋頭を選んで、特別にたくさん食べて、どんな病気も治してしまった。人には食べさせることがない。ただ一人で食べた。

非常に貧しかったが、師匠が死ぬときに銭二百貫と坊舎を遺産として譲ってくれた。その坊舎を百貫で売り、かれこれ三万疋を芋頭に使うと決め、京都の人に預けて、十貫分ずつ取り寄せて、芋頭を存分に食べた。

ほかのことに銭を使わず、三百貫・三万疋分の芋頭を全部食べてしまった。「貧しい身なのに、三百貫ものお金をほかのことに使わずに芋頭だけに使った。こんな計らいをするとは、優れた道心あればこそ」と人々は褒めちぎった。

この僧都がある法師を見て、「しろうるり」という名をつけた。「しろうるりとは何ですか」と問われると、「その人を私は知らない。もしいるとすれば、この僧の顔に似ている」と言った。

味わうポイント

ひたすら芋頭が好きで、もらった遺産を全部、芋頭に変えてしまう。誰にも分け与えず、独り占めして食べてしまう。病気も芋頭で治してしまう。ときに「しろうるり」みたいな冗談も言う。この坊主のそんな生き方は、何だか平和だなという感じがします。

しかも、いい加減なようでいて、学問のある高僧で、人々にも尊敬されています。この文章に続く部分では、彼がいかに見目良い容貌、優れた能力の持ち主であるか、人のことなど我関せずとばかりに気ままに暮らしていながら人に好かれているかが書かれています。

この話を読むと、「ワシはこれさえあればいいんだ」という、何か〝芋頭的なもの〟を見つけて、それ一筋に上機嫌で暮らしていくというのは、後半生の生き方としてなかなかいいものだなと思えてきます。

自分が幸せであるだけでなく、周囲も「あの人はあれさえあれば機嫌がいいよね」という感じで、ラクにつき合えそうです。みんなが癒される部分もあろうかと思います。

現代人で言うなら、たとえばタモリさんに近いものを感じます。NHKの『ブラタモリ』で、彼が古地図を見たり、わずかな傾斜の坂を見つけたりして、散歩を楽しんでいますよね。いつも「タモリさんって、本当に坂が好きなんだな」と、ほのぼのしたものを感じます。

私の父もそうでした。酒癖の良い体質と言いますか、後半生は毎日六時間くらい、ボトル三分の一ほどのウィスキーを飲み続けて、八十過ぎまで楽しく上機嫌で暮らしていました。

食べ物でもお酒でも趣味でも何でもいい、何か〝芋頭的なもの〟を見つけて、後半生を上機嫌で人に好かれて生きていこう。そんな気持ちになるお話です。

気を養って長生きを目指す

『養生訓《ようじょうくん》』（巻二《まきに》　総論下《そうろんげ》44）　貝原益軒《かいばらえきけん》

人《ひと》の身《み》は、気《き》を以《もって》生《せい》の源《みなもと》、命《いのち》の主《あるじ》とす。故《ゆえに》養生《ようじょう》をよくする人《ひと》は、常《つね》に元気《げんき》を惜《おし》みてへらさず。静《しずか》にしては元気《げんき》をたもち、動《うご》ゐ《い》ては元気《げんき》をめぐらす。たもつとめぐらすと、二《ふたつ》の者《もの》そなはらざれば、気《き》を養《やしな》ひ《い》がたし。動静《どうせい》其時《そのとき》を失《うしな》は《わ》ず、是《これ》気《き》を養《やしな》ふ《う》の道《みち》なり。

現代語訳

人の体は、気を生の源、命の主人としている。だから、養生をよくする人は、常に気を惜しんで、減らさないようにしている。静かにして元気を保ち、動いて元気をめぐらせる。この二つが備わっていなければ、気を養うのは難しい。時に応じて動と静をうまく取り入れることが、気を養う方法である。

『養生訓《ようじょうくん》』（巻二《まきに》　総論下《そうろんげ》47）　貝原益軒《かいばらえきけん》

素問《そもん》に、怒《いか》れば気上《きのぼ》る。喜《よろこ》べば気緩《きゆる》まる。悲《かなし》めば気消《きけ》ゆ。恐《おそ》るれば気《き》めぐらず。寒《さむ》ければ気《き》とづ。暑《あつ》ければ気泄《きも》る。驚《おどろ》けば気乱《きみだ》る。労《ろう》すれば気《き》へる。思《おも》へば気結《きむすぼお》るといへ《え》り。百病《ひゃくびょう》は皆気《みなき》より生《しょう》ず。病《やまい》とは気《き》やむ也《なり》。故《ゆえ》に養生《ようじょう》の道《みち》は気《き》を調《ととのう》るにあり。調《ととのう》ふるは気《き》を和《やわ》らぎ、平《たいらか》にする也《なり》。凡《およそ》気《き》を養《やしなう》ふの道《みち》は、気《き》をへらさゞ《ざ》ると、ふさがざるにあり。気《き》を和《やわ》らげ、平《たいらか》にすれば、此二《これふたつ》のうれひ《い》なし。

現代語訳

『素問』という医書に、「怒れば気が上る。喜べば気がゆるむ。悲しめば気が消える。恐れれば気がめぐらない。寒ければ気がこもる。暑ければ気がもれる。驚けば気が乱れる。苦労すれば気が減る。思うことが多いと気がかたまる」と書かれている。あらゆる病気は気によって生じるのだ。

病とは気を病むことにほかならない。よって養生の道は、気を調整することにある。調整するとは、気を和らげ、平らかにすることである。だいたい気を養う道というのは、気を減らさないことと、循環を良くすることである。気を和らげて平らかにすると、この二つの心配はなくなる。

味わうポイント

貝原益軒の著した『養生訓』には、健康に長生きするための具体的なアドバイスが満載です。そのなかでもここにあげた二つは、気というものを理解するのによいところと言えるでしょう。

日本人は元来、気を養うことを大切にしてきました。それは、日本語に「気」のつく言葉や表現が非常に多いことでもわかります。

「元気？」という言葉は挨拶がわりに使っていますし、気が合う、気を使う、気をもむ、気が置けない、気に病む、気まずい、気が詰まる、気が抜ける、気が大きい、気が小さい、気が重い、気が気でない、気が進まない、気がすむ、気がそがれる、気が立つ、気が散る、気が遠くなる、気がとがめる、気が乗る、気が早い、気が晴れる、気が引ける、気がまぎれる、気が向く、気がもめる、気に食わない、気を落とす……枚挙にいとまがありません。

最近はちょっと気に対する意識が薄れてきたようですが、健康が気になる年齢にさしかかってきたいま、気を養うことの効用に改めて目を向けてはいかがでしょうか。

貝原益軒はあまり体が丈夫ではなく、上手に養生して長生きされた方です。『養生訓』を音読するだけで、いい養生になると思います。

また、気の用法では白隠《はくいん》禅師の『夜船閑話《やせんかんな》』も有名です。

江戸中期の臨済宗の僧である白隠禅師は、大物で現在も〝人気者〟です。同書では「内観の法により健康が回復した」ことが書かれており、健康法や呼吸法のエピソードも豊富です。興味のある方は読んでみてください。

ここでは、『養生訓』の気の記述にも通じるくだりをあげておきます。

『夜船閑話《やせんかんな》』（序《じょ》）
白隠慧鶴《はくいんえかく》

一身《いっしん》の元気《げんき》をして臍輪気海《せいりんきかい》、丹田腰脚《たんでんようきゃく》、足心《そくしん》の間《かん》に充《み》たしめ、時々《じじ》に此観《このかん》を成《な》すべし。

我《わ》が此《こ》の気海丹田《きかいたんでん》、腰脚《ようきゃく》足心《そくしん》、総《そう》に是我《これわ》が本来《ほんらい》の面目《めんもく》、面目《めんもく》何《なん》の鼻孔《びこう》かある。

我《わ》が此《こ》の気海丹田《きかいたんでん》、総《そう》に是《これ》我《わ》が本分《ほんぶん》の家郷《かきょう》、家郷《かきょう》何《なん》の消息《しょうそく》かある。

我《わ》が此《こ》の気海丹田《きかいたんでん》、総《そう》に是《これ》我《わ》が唯心《ゆいしん》の浄土《じょうど》、浄土《じょうど》何《なん》の荘厳《しょうごん》かある。

我《わ》が此《こ》の気海丹田《きかいたんでん》、総《そう》に是《これ》我《わ》が己身《こしん》の弥陀《みだ》、弥陀《みだ》何《なん》の法《のり》をか説《と》く

と、打返《うちかえ》し〳〵《うちかえし》常《つね》に斯《か》くの如《ごと》く妄想《もうぞう》すべし。妄想《もうぞう》の功果《こうか》つもらば、一身《いっしん》の元気《げんき》いつしか腰脚足心《ようきゃくそくしん》の間《かん》に充足《じゅうそく》して、

臍《せい》下《か》瓠《こ》然《ぜん》たること、いまだ篠《しの》打《う》ちせざる鞠《まり》の如《ごと》けん。

現代語訳

からだの中の気を丹田、腰と脚、土踏まず（足心）に満たして、つぎのようにイメージするとよいだろう。

私の気海丹田、腰脚足心はすべて自分の先天の本性である。この本性にどうして鼻孔があるだろうか。

私の気海丹田はすべて自分の本来の故郷である。この故郷に消息便りなどあるはずがない。

私の気海丹田は、すべて自分の心。その心すなわち浄土である。自分の心を離れてほかに浄土の荘厳などあるはずがない。

私の気海丹田は、すべて自分のからだの中にある阿弥陀仏である。わが身が弥陀であるからには、自分以外に弥陀の法《のり》を説くはずがない。

このようにくり返しイメージしてみることだ。イメージの効果が積もれば、からだ全体の気がいつの間にか腰、脚、土踏まずに満ちて、臍下丹田がひょうたんのように張って力が満ちあふれ、竹で打って柔らかくしていない（篠打ちしない）鞠のように固く張りつめるだろう。

さらに『荘子』にも、真人《しんじん》、つまり道理を悟った人とはどういうものかと問われて答えたものに、呼吸に焦点を当てているものがあるので、合わせて見てみましょう。ふつうの人は喉《のど》で浅く呼吸するけれど、真人は順境・逆境どんなときでも心を煩わせることなく深い呼吸をする、というのです。

『荘子《そうじ》』（大宗師篇《だいそうしへん》）　荘子《そうじ》

真人《しんじん》の息《いき》は踵《かがと》を以《もっ》てし、衆人《しゅうじん》の息《いき》は喉《のど》を以《もっ》てす

これら『夜船閑話』と『荘子』は、『養生訓』と〝三点セット〟にして、気の世界を味わってください。

コラム・滑舌《かつぜつ》をよくする「早口ことば」

口がモタモタしていると、人にちょっと老けた印象を与えてしまいます。逆に話し方がシャキシャキしていると、九十歳を超えた高齢の方でも「あぁ、頭がしっかりしているな」と思われます。口調一つで、見た目の印象がぐんと若くなるのです。

年をとるとどうしてもゆっくりしゃべるようになるので、意識的に滑舌を鍛えておくといいでしょう。その手段になるのが「早口ことば」です。「ちょっと難しいことに挑戦する」という意味でも、脳が活性化されるように思います。

ただ「早口ことば」は、メジャーなものだけでもたくさんあって、音読するものを選ぶだけでも大変です。そこでおススメしたいのが『うゐ《い》ろ《ろ》う売り』です。これは〝早口ことばのお徳用詰め合わせセット〟とも言えるもの。大道芸の古典中の古典にして、アナウンサー養成所の定番メニューでもあります。

もともとはういろう薬を売るときに使われたこの口上は、名優・二世市川團十郎が完成させ、歌舞伎の演目にもなっています。見事な早口芸で人気の出し物で、ういろう薬の効能の第一に舌の回ることがあげられていますから、つじつまが合っているというものでしょう。

　私が企画・監修に当たっている『にほんごであそぼ』（NHK・Eテレ）という番組のナレーションを担当している榊寿之《さかきとしゆき》アナウンサーによると、滑舌は読んで字のごとく、舌の動きが一番のポイントだそうです。よく「口を大きくあける」ことが言われますが、そうすると話すスピードが落ちてしまうといいます。

　滑舌のよさが命のアナウンサーも訓練に使っているという『うゐらう売り』の音読を、口と頭の運動として、毎日の日課にしてはいかがでしょうか。読んでいて実におもしろいし、必ずや滑舌がよくなり、若々しさを保つことにもつながると思います。

　ちなみに、ういろうは神奈川県小田原市にあるういろう本舗（現・株式会社ういろう）の霊薬《れいやく》・透頂香《とうちんこう》の別名。その名は中国の公家・陳延祐《ちんえんゆう》が日本に帰化して陳外《うい》郎《ろう》と称し、ういろう薬を売り出したことに由来するそうです。銘菓ういろうも元来、この本舗の製品です。

『うゐらう《いろ》売り』

拙者親方《せっしゃおやかた》と申《もう》すは、お立《た》ち合《あ》いの中《うち》に、ご存知《ぞんじ》のお方《かた》もござりましょうが、お江戸《えど》を発《た》って二十里上方《にじゅうりかみがた》、相州小田原《そうしゅうおだわら》、一色町《いっしきまち》をお過《す》ぎなされて、青物町《あおものちょう》を登《のぼ》りへお出《いで》なさるれば、欄干橋虎屋藤右衛門《らんかんばしとらやとうえもん》、只今《ただいま》は剃髪《ていはつ》いたして、円斎《えんさい》と名《な》のりまする。

元朝《がんちょう》より大晦日《おおつごもり》まで、お手《て》に入《い》れまするこの薬《くすり》は、昔《むかし》、陳《ちん》の国《くに》の唐人《とうじん》、外郎《ういろう》という人《ひと》、わが朝《ちょう》へ来《き》たり、帝《みかど》へ参《さん》内《だい》の折《おり》から、此《こ》の薬《くすり》を深《ふか》く籠《こ》め置《お》き、用《もち》ゆる時《とき》は一粒《いちりゅう》ずつ、冠《かんむり》のすき間《ま》より取《と》り出《いだ》す。

依《よ》って其《そ》の名《な》を帝《みかど》より「頂透香《とうちんこう》」と賜《たまわ》る。即《すなわ》ち文字《もんじ》には、「いただき・すく・香《におい》」と書《か》いて、「とうちんこう」と申《もう》す。只今《ただいま》は此《こ》の薬《くすり》、殊《こと》の外世上《ほかせじょう》に弘《ひろ》まり、ほうぼうに似看《にせかん》板《ばん》を出《い》だし、イヤ小田原《おだわら》の、灰俵《はいだわら》の、さん俵《だわら》の、炭俵《すみだわら》のと、色々《いろいろ》に申《もう》せども、平仮名《ひらがな》を以《もっ》て「うゐらう《いろ》」と記《しる》せしは、親方円斎《おやかたえんさい》ばかり。

もしやお立《た》ち合《あ》いの中《うち》に、熱海《あたみ》か塔《とう》の沢《さわ》へ湯治《とうじ》においでなさるるか、又《また》は伊勢御参宮《いせごさんぐう》の折《おり》からは、必《かなら》ず門《かど》ちがいなされまするな、お登《のぼ》りならば右《みぎ》の方《かた》、お下《くだ》りなれば左側《ひだりがわ》、八方《はっぽう》が八《や》つ棟《むね》、おもてが三《み》つ棟玉堂造《むねぎょくどうづく》り、破風《はふ》には菊《きく》に桐《きり》のとうの御紋《ごもん》を御赦免有《ごしゃめんあ》って、系図正《けいずただ》しき薬《くすり》でござる。

イヤ最前《さいぜん》より家名《かめい》の自慢《じまん》ばかり申《もう》しても、御存知《ごぞんじ》ない方《かた》には、正身《しょうしん》の胡椒《こしょう》の丸呑《まるの》み、白河夜船《しらかわよふね》、さらば一粒《いちりゅう》食《た》べかけて、其《そ》の気味合《きみあ》いをお目《め》にかけましょう。先《ま》ずこの薬《くすり》を、かように一粒舌《いちりゅうした》の上《うえ》にのせまして腹内《ふくない》へ納《おさ》めまするど、イヤどうも言《い》えぬわ、胃《い》・心《しん》・肺《はい》・肝《かん》がすこやかに成《な》りて、薫風喉《くんぷうのんど》より来《き》たり、口中微涼《こうちゅうびりょう》を生《しょう》ずるが如《ごと》し、魚《ぎょ》・鳥《ちょう》・きのこ・麺類《めんるい》の喰《く》い合《あ》わせ、其《そ》の外《ほか》、万病速効《まんびょうそっこう》あること神《かみ》の如《ごと》し。

さて、この薬《くすり》、第一《だいいち》の奇妙《きみょう》には、舌《した》のまわることが銭《ぜに》ごまがはだしで逃《に》げる。ひょっと舌《した》が廻《まわ》り出《だ》すと、矢《や》も楯《たて》もたまらぬじゃ。そりゃそりゃ、そらそりゃ、まわって来《き》たわ、まわって来《く》るわ、アワヤ喉《のんど》、サタラナ舌《した》に、カ牙《げ》、サ歯音《しおん》、ハマの二《ふた》つは唇《くちびる》の軽重《けいちょう》、開口《かいごう》さわやかに、アカサタナハマヤラワ、オコソトノホモヨロヲ。

一《ひと》つへぎ、へぎに、へぎ干《ほ》し、はじかみ。盆豆《ぼんまめ》・盆《ぼん》米《ごめ》・盆《ぼん》ごぼう。摘《つ》み蓼《たで》・つみ豆《まめ》・つみ山椒《ざんしょう》、書写山《しょしゃざん》の社《しゃ》僧正《そうじょう》。小米《こごめ》の生噛《なまが》み、小米《こごめ》の生噛《なまが》み、こん小米《こごめ》のこなまがみ。 繻子《しゅす》・ひじゅす・繻子《しゅす》・繻珍《しゅちん》。親《おや》も嘉兵衛《かへい》、子《こ》も嘉兵衛《かへい》、親《おや》かへい子《こ》かへい、子《こ》かへい親《おや》かへい。古栗《ふるぐり》の木《き》の古切口《ふるぎりくち》。

雨《あま》がっぱか、番合羽《ばんがっぱ》か。貴様《きさま》のきゃはんも皮脚絆《かわぎゃはん》。我《われ》等《ら》がきゃはんも皮脚絆《かわぎゃはん》。しっかわ袴《ばかま》のしっぽころびを、三針《みはり》はりながにちょと縫《ぬ》うて、縫《ぬ》うて、ちょとぶんだせ。

かわら撫子《なでしこ》・野石竹《のぜきちく》。のら如来《にょらい》、のら如来《にょらい》、三《み》のら如来《にょらい》に六《む》のら如来《にょらい》。一寸《ちょと》さきのお小仏《こぼとけ》に、おけつまずきゃるな。細溝《ほそどぶ》にどじょにょろり。

京《きょう》の生鱈《なまだら》、奈良《なら》、生《なま》まな学鰹《まながつお》、ちょと四五貫目《しごかんめ》。お茶《ちゃ》立《た》ちょ、茶立《ちゃた》ちょ、ちゃっと立《た》ちょ、茶立《ちゃた》ちょ、青竹茶《あおだけちゃ》筅《せん》でお茶《ちゃ》ちゃと立《た》ちゃ。

来《く》るわ来《く》るわ、何《なに》が来《く》る、高野《こうや》の山《やま》のおこけら小僧《こぞう》。狸《たぬき》百匹《ひゃっぴき》、箸《はし》百《ひゃく》ぜん、天目《てんもく》百《ひゃっ》ぱい、棒八百本《ぼうはっぴゃっぽん》。

武具《ぶぐ》・馬具《ばぐ》・ぶぐ・ばぐ・三《み》ぶぐばぐ、合《あ》わせて武《ぶ》具《ぐ》・馬具《ばぐ》・六《む》ぶぐばぐ。菊《きく》・栗《くり》・きく・くり・三《み》きくくり、合《あ》わせて菊《きく》・栗《くり》・六《む》きくくり。麦《むぎ》・ごみ・むぎ・ごみ・三《み》むぎごみ、合《あ》わせて麦《むぎ》・ごみ・六《む》むぎごみ。

あのなげしの長《なが》なぎなたは、誰《た》が長薙刀《ながなぎなた》ぞ。向《む》こうのごまがらは、荏《え》の胡麻殻《ごまがら》か、真《ま》ごまがらか、あれこそ、ほんの真胡麻殻《まごまがら》。

がらぴい、がらぴい、風車《かざぐるま》。おきゃがれこぼし、おきゃがれ小法師《こぼうし》、ゆんべもこぼして、又《また》こぼした。たあぷぽぽ、たあぷぽぽ、ちりから、ちりから、つったっぽ。

たっぽたっぽ一丁《いっちょう》だこ、＊落《お》ちたら煮《に》て喰《く》お。煮《に》ても焼《や》いても喰《く》われぬ物《もの》は、五徳《ごとく》・鉄《てっ》きゅう、金熊《かなぐま》どうじに、石《いし》熊《くま》・石持《いしもち》・虎熊《とらくま》・虎《とら》きす。中《なか》にも、東寺《とうじ》の羅《ら》生門《しょうもん》には、茨《いばら》木童子《ぎどうじ》が、うで栗五合《ぐりごんごう》つかんでおむしゃる。かの頼《らい》光《こう》のひざ元去《もとさ》らず。

鮒《ふな》・きんかん・椎茸《しいたけ》・定《さだ》めてごたんな、そば切《き》り・そうめん・うどんか愚鈍《ぐどん》な小新発知《こしんぼち》、小棚《こだな》のこ下《した》の小桶《こおけ》に、こ味噌《みそ》がこ有《あ》るぞ、小杓子《こしゃくし》こもって、こすくってこよこせ。おっと合点《がってん》だ、心得《こころえ》たんぽの、川崎《かわさき》・神奈川《かながわ》・程《ほど》ケ谷《がや》・戸塚《とつか》は走《はし》って行《ゆ》けば、やいとを摺《す》りむく、三里《さんり》ばかりか、藤沢《ふじさわ》、平塚《ひらつか》、おおいそがしや、小磯《こいそ》の宿《しゅく》を七《なな》つ起《お》きして、早天《そうてん》そうそう相州《そうしゅう》小田原《おだわら》とうちん香《こう》。

隠《かく》れござらぬ貴賤群衆《きせんぐんじゅ》の、花《はな》のお江戸《えど》の花《はな》うゐら《いろ》う。あれ、あの花《はな》を見《み》てお心《こころ》をおやわらぎやっという。産《うぶ》子《こ》・這《は》う子《こ》に至《いた》るまで、このうゐら《いろ》うの御評判《ごひょうばん》、御存《ごぞん》知《じ》ないとは申《もう》されまいまいつぶり、角出《つのだ》せ、棒出《ぼうだ》せ、ぼうぼうまゆに、うす・杵《きね》・すりばち、・ばちばちぐゎらぐゎらぐゎらと、羽目《はめ》を外《はず》して今日《こんにち》おいでの何《いず》れも様《さま》に、上《あ》げねばならぬ、売《う》らねばならぬと、息《いき》せい引《ひ》っぱり、東方《とうほう》世界《せかい》の薬《くすり》の元締《もとじめ》、薬師如来《やくしにょらい》も上覧《しょうらん》あれと、ホホ、敬《うやま》って、うゐら《いろ》うはいらっしゃりませぬか。

＊「たっぽたっぽ干《ひ(ほし)》だこ」と読むこともある。その他、表記や読み方にヴァリエーションがある。

3章 ゆったりと時の流れに漂う

まったりと酒を楽しむ

『山中対酌《さんちゅうたいしゃく》』

李《り》白《はく》

両人対酌《りょうにんたいしゃく》すれば　山花《さんか》開《ひら》く
一盃一盃《いっぱいいっぱい》　復《ま》た一盃《いっぱい》
我《われ》酔《よ》ひて眠《ねむ》らんと欲《ほっ》す　君《きみ》且《しばら》く去《さ》れ
明朝《みょうちょう》意《い》有《あ》らば　琴《こと》を抱《いだ》いて来《き》たれ

現代語訳

二人が向かい合って酒を酌《く》んでいると、山の花が咲いて美しい。一杯一杯また一杯と酒を酌み交わす。私はもう酔って眠くなってしまった。君はちょっといなくなってくれ。その気があれば明朝、琴を持って来てくれ。

味わうポイント

読み上げていると、こちらもほろ酔い気分になって、何だかおもしろくなってくる。そんな詩です。

山中の花の下で気の合う隠者と酒を酌み交わすとか、眠くなって寝ちゃうとか、相手に「明日は琴をかきならしながら楽しもう」と提案するとか、実にのびやかに自由に酒を楽しむ感じが伝わってきます。

五十を過ぎると、いままで足りなかった時間を持て余すようになるものです。そうなったとき、気の合う友人と、あるいは連れ合いと、まったり酒を楽しむのも一興でしょう。中国の唐の時代の詩人たちが過ごした、ゆったりとした時間性が、しっくりくるのではないかと思います。

もっとも、酒でなくたってかまいません。「ランチ、ランチ、またランチ」とホテルのちょっと贅沢なランチを定期的に楽しむのもいいし、「温泉、温泉、また温泉」でもいいでしょう。

李白はこよなく酒を愛した詩人です。あと二つばかり、李白の酒にまつわる情感あふれる詩をあげておきましょう。訳は添えず、味わうポイントのみ付しておきます。

『月下独酌《げっかどくしゃく》』　李白《りはく》

花間《かかん》　一壺《いっこ》の酒《さけ》
独酌《どくしゃく》　相親《あいした》しむ無《な》し
杯《さかずき》を挙《あ》げて明月《めいげつ》を邀《むか》へ
影《かげ》に対《たい》して三人《さんにん》と成《な》る

月既《つきすで》に飲《の》むを解《かい》せず
影《かげ》は徒《いたず》らに我《わ》が身《み》に随《したが》ふ
暫《しばら》く月《つき》と影《かげ》とを伴《とも》なふ
行楽《こうらく》　須《すべか》らく春《はる》に及《およ》ぶべし
我歌《われうた》へば　月徘徊《つきはいかい》し
我舞《われま》へば　影零乱《かげれいらん》す

味わうポイント

この詩の味わいどころは、孤独のなかで酒を飲んでいるのだけれど、自分の影と明月を迎えて三人としているところ。李白は適量飲むと気持ちがふわーっとしたようで、月とともに歌い舞い、豊かな時間を楽しんでいます。

『内《つま》に贈《おく》る』

李《り》白《はく》

三百六十日《さんびゃくろくじゅうにち》
日日《ひび》　酔《よ》うて泥《どろ》のごとし
李白《りはく》の婦《ふ》たりと雖《いえど》も
何《なん》ぞ太常《たいじょう》の妻《つま》に異《こと》ならん

味わうポイント

この詩の味わいどころは、自分自身を太常の職にあった後漢の周沢《しゅうたく》になぞらえているところ。太常というのは宮中で天子の祖先をまつる職で、年にわずか一日の休日を除いては毎日精進潔斎《けっさい》し、女性を近づけることもできず、休日は泥のように酔っぱらったとか。

李白は一年三百六十日、休みなく酔っぱらって妻を顧みなかったのでしょう。でもその戯《ざ》れ言の裏に、妻へのいたわりの思いがにじみ出ています。泥酔したときにこの詩を読み上げ、妻に捧げるのも酔狂かもしれません。

川の流れに時を重ねて

『千曲川《ちくまがわ》旅情《りょじょう》の歌《うた》』

島崎藤村《しまざきとうそん》

一

小諸《こもろ》なる古城《こじょう》のほとり
雲白《くもしろ》く遊子《ゆうし》悲《かな》しむ
緑《みどり》なす蘩蔞《はこべ》は萌《も》えず
若草《わかくさ》も藉《し》くによしなし
しろがねの衾《ふすま》の岡辺《おかべ》

日《ひ》に溶《と》けて淡雪流《あわゆきなが》る

あた《た》ゝかき光《ひかり》はあれど
野《の》に満《み》つる香《かおり》も知《し》らず
浅《あさ》くのみ春《はる》は霞《かす》みて
麦《むぎ》の色《いろ》わづ《ず》かに青《あお》し
旅人《たびびと》の群《むれ》はいくつか
畠中《はたなか》の道《みち》を急《いそ》ぎぬ
暮《く》れ行《ゆ》けば浅間《あさま》も見《み》えず

歌哀《うたかな》し佐久《さく》の草笛《くさぶえ》
千曲川《ちくまがわ》いざよふ波《うなみ》の
岸近《きしちか》き宿《やど》にのぼりつ
濁《にご》り酒濁《ざけにご》れる飲《の》みて
草枕《くさまくら》しばし慰《なぐさ》む

二

昨日《きのう》またかくてありけり
今日《きょう》もまたかくてありなむ《ん》
この命《いのち》なにを齷齪《あくせく》

明日《あす》をのみ思《おも》ひ《い》わづ《ず》らふ《う》

いくたびか栄枯《えいこ》の夢《ゆめ》の
消《き》え残《のこ》る谷《たに》に下《くだ》りて
河波《かわなみ》のいざよふ《う》見《み》れば
砂《すな》まじり水巻《みずま》き帰《かえ》る
嗚呼《ああ》古城《こじょう》なにをか語《かた》り
岸《きし》の波《なみ》なにをか答《こと》ふ《う》
過《いに》し世《よ》を静《しず》かに思《おも》へ《え》

百年《ももとせ》もきのふのごとし

千曲川柳霞《ちくまがわやなぎかす》みて
春浅《はるあさ》く水流《みずなが》れたり
たゞ《だ》ひとり岩《いわ》をめぐりて
この岸《きし》に愁《うれい》を繋《つな》ぐ

味わうポイント

島崎藤村のこの詩を暗誦して旅に出る。かつては若い人も年配の人も、多くの人がそうしたものです。旅情がいっそうかきたてられる思いがしたのでしょう。

いまの人が読むと、文語調で漢語も混じっているので古臭く感じるかもしれませんが、明治の後半、一八九〇年代には新しい感覚の詩と評されました。感情をしなやかに詠《うた》っていると。当時の日本人の感情は、日本語と漢語のこのくらいのバランスがごく自然にフィットしていたように思います。

感情というのは、言葉に大きく影響されます。言葉が単純化すると、感情も単純化してしまうのです。「すごい！」「やばい！」「かわいい！」という言葉ばかり使っていると、感情に深みがなくなるかもしれない。それはとても残念で寂しいことです。

こういう詩を読み、こまやかな情を感じていただきたいところです。

『千曲川旅情の歌』はそのタイトルからもわかるように、川の流れを時間を象徴するものとして表現しています。歴史を感じる場所に旅に出て、ゆったり流れる川のほとりで、その流れに世の移ろいや自分の人生を重ね合わせながら旅情に浸る。それは人生の豊かなひとときになると思います。

あるいは、作詞家の山口洋子さんが藤村の『千曲川旅情の歌』に触発されて詞を書いたという『千曲川』を歌うのもいいでしょう。

猪俣公章《いのまたこうしょう》さんが作曲し、五木ひろしさんが歌って大ヒットした名曲です。私も大好きでカラオケで歌います。歌詞を紹介しておきましょう。

『千曲川《ちくまがわ》』

作詞《さくし》・山口洋子《やまぐちようこ》（作曲《さっきょく》・猪俣公章《いのまたこうしょう》）

一　水《みず》の流《なが》れに　花《はな》びらを
そっと浮《う》かべて　泣《な》いたひと
忘《わす》れな草《ぐさ》に　かえらぬ初恋《はつこい》を
想《おも》い出《だ》させる　信濃《しなの》の旅路《たびじ》を

二

明日《あした》はいずこか　浮雲《うきぐも》に
煙《けむり》たなびく　浅間山《あさまやま》
呼《よ》べどはるかに　都《みやこ》は遠《とお》く
秋《あき》の風《かぜ》立《た》つ　すすきの径《みち》よ

三

一人《ひとり》たどれば　草笛《くさぶえ》の
音《ね》いろ哀《かな》しき　千曲川《ちくまがわ》
よせるさざ波《なみ》　くれゆく岸《きし》に
里《さと》の灯《ひ》ともる　信濃《しなの》の旅路《たびじ》よ

青春時代を懐かしむ

『琵琶湖周航の歌《びわこしゅうこううた》』

作詞《さくし》・小口太郎《おぐちたろう》（作曲《さっきょく》・吉田千秋《よしだちあき》）

一　われは湖《うみ》の子《こ》　さすらいの
旅《たび》にしあれば　しみじみと
のぼる狭霧《さぎり》や　さざなみの
志賀《しが》の都《みやこ》よ　いざさらば

二

松《まつ》は緑《みどり》に　砂白《すなしろ》き
雄松《おまつ》が里《さと》の　乙女子《おとめご》は
赤《あか》い椿《つばき》の　森蔭《もりかげ》に
はかない恋《こい》に　泣《な》くとかや

三

浪《なみ》のまにまに　漂《ただよ》えば
赤《あか》い泊火《とまりび》　なつかしみ
行方定《ゆくえさだ》めぬ　浪枕《なみまくら》
今日《きょう》は今津《いまづ》か　長浜《ながはま》か

四

瑠璃《るり》の花園《はなぞの》　珊瑚《さんご》の宮《みや》
古《ふる》い伝《つた》えの　竹生島《ちくぶしま》
仏《ほとけ》の御手《みて》に　いだかれて
ねむれ乙女子《おとめご》　やすらけく

五

矢《や》の根《ね》は深《ふか》く　埋《うず》もれて
夏草《なつくさ》しげき　堀《ほり》のあと
古城《こじょう》にひとり　佇《たたず》めば
比良《ひら》も伊吹《いぶき》も　夢《ゆめ》のごと

六　西国十番《さいごくじゅうばん》　長命寺《ちょうめいじ》
汚《けが》れの現世《うつしょ》　遠《とお》く去《さ》りて
黄金《こがね》の波《なみ》に　いざ漕《こ》がん
語《かた》れ我《わ》が友《とも》　熱《あつ》き心《こころ》

味わうポイント

一九七一（昭和四六）年に加藤登紀子《かとうときこ》さんが歌って大ヒットした『琵琶湖周航の歌』は、大正時代から三高（現京都大学）の寮歌として、さらには学生たちの愛唱歌として広まった歌です。

元を正せばこの詞は、三高恒例の行事である琵琶湖周航の際に生まれたものです。時は一九一七（大正六）年六月、大津の三保ケ崎を漕ぎ出たクルーが二日目に今津の湖岸の宿に泊まった夜のこと。クルーの一人が「小口《おぐち》がこんな歌をつくった」と、漕友に披露しました。彼らはその詞を当時流行していた歌の節に合わせるとよく合ったので、喜んで合唱したといいます。

その小口こそ、作詞者の小口太郎《おぐちたろう》さんです。後の調べで、メロディを借りた歌は、現東京農業大学に学びながら音楽雑誌に投稿・発表した吉田千秋《よしだちあき》さんの『ひつじぐさ』と判明しました。

年をとるにつれ、青春時代を懐かしむ気持ちは強くなるものです。ちょっとあのころに返って、若やいだ心にしみじみしたくなったら、この歌を歌うもよし、音読するもよし。琵琶湖の美しい風景と周航のロマン、そして青春時代の初々しくも情熱的、センチメンタルな感性に浸れます。

「あのころ」の自分を思い出す

中原《なかはら》中也《ちゅうや》

『頑是《がんぜ》ない歌《うた》』

思《おも》へ《え》ば遠《とお》く来《き》たもんだ
十二《じゅうに》の冬《ふゆ》のあの夕《ゆう》べ
港《みなと》の空《そら》に鳴《な》り響《ひび》いた
汽笛《きてき》の湯気《ゆげ》は今《いま》いづ《ず》こ

雲《くも》の間《あいだ》に月《つき》はゐ《い》て
それな汽笛《きてき》を耳《みみ》にすると
竦然《しょうぜん》として身《み》をすくめ
月《つき》はその時空《ときそら》にゐ《い》た

それから何年《なんねん》経《た》つ《っ》たことか
汽笛《きてき》の湯気《ゆげ》を茫然《ぼうぜん》と
眼《め》で追《お》ひ《い》かなしくなつ《っ》てゐ《い》た
あの頃《ころ》の俺《おれ》はいまいづ《ず》こ

今《いま》では女房子供《にょうぼうこどもも》持ち
思《おもえ》へば遠《とお》く来《き》たもんだ
此《こ》の先《さき》まだまだ何時《いつ》までか
生《い》きてゆくのであらう《ろ》けど

生《い》きてゆくのであらう《ろ》けど
遠《とお》く経《へ》て来《き》た日《ひ》や夜《よる》の
あんまりこんなにこひし《い》ゆ《ゆう》ては
なんだか自信《じしん》が持《も》てないよ

さりとて生《い》きてゆく限《かぎ》り
結局《けっきょく》我《が》ン張《ば》る僕《ぼく》の性質《さが》
と思《おも》へ《え》ばなんだか我《われ》ながら
いたは《わ》しいよなものですよ

考《かんが》へ《え》てみればそれはまあ
結局《けっきょく》我《が》ン張《ば》るのだとして
昔恋《むかしこい》しい時《とき》もあり　そして
どうにかやつ《っ》てはゆくのでせ《しょ》う

考《かんが》へてみれば簡単《かんたん》だ
畢竟意志《ひっきょういし》の問題《もんだい》だ
なんとかやるより仕方《しかた》もない
やりさえすればよいのだと

思《おも》ふけれどもそれもそれ
十二《じゅうに》の冬《ふゆ》のあの夕《ゆう》べ
港《みなと》の空《そら》に鳴《な》り響《ひび》いた
汽笛《きてき》の湯気《ゆげ》や今《いま》いづ《ず》こ

味わうポイント

「思えば遠く来たもんだ」は武田鉄矢さんら海援隊の歌や映画、テレビドラマのタイトルでお馴染みかもしれません。もともとは、中原中也のつくったこの『頑是ない歌』の冒頭の言葉です。

中原中也は生まれ故郷の山口から上京し、女性とつきあい、その彼女を小林秀雄に奪われたり、結婚するも子どもに先立たれるなど、いろんなことがあって精神が危うくなった詩人です。この詩が収録された詩集『在りし日の歌』は、三十歳で死んだ翌年に刊行されました。

詩人というのは心はしなやかですが、感じやすいだけに弱さもあって、精神のバランスを崩しがちです。ふつうに生活している人より、ずっと繊細なところがあると言っていいでしょう。

中也はその典型です。二十代半ばを過ぎて〝女房子ども持ち〟になって、「十二のときの自分はどこにいるんだろう」という思いを抱き、そのときが恋しくていまの自分に自信が持てないと言う。「何だかなぁ」と思うけれど、中高年になると、そこに心が響くような気がします。というのも、年とともに身体のエネルギーが低下していくとき、同時に心のエネルギーも落ちていくことがありうるからです。そういうときに中也のように、過去を思い返して、過去に支えられる部分があると思うのです。

誰もが必ずしも現在だけで勝負しているわけではありません。もちろん、「あまり過去に囚われず、いまだけに生きろ。日々新しいことに挑戦して、新たな自分として生きろ」というのもメッセージとしては正しい。でも過去の積み重ね、実績の上でやるしかない、というのもまた逃れようのない現実です。

だとすれば、十二のころを振り返って「思えば遠く来たもんだ」とつぶやきながら、いかなるものであろうと過去の実績を肯定するしかない、という気持ちを持つことも大切です。

「あのころの自分」と「いまの自分」を重ね合わせることが、人間らしい心のつくり方でもあると思うのです。別の言い方をすれば、「あのころの自分」がまだ「いまの自分」のなかに生きていて、その連なりのなかで後半生を生きる、という感じでしょうか。

また「あのころ」をキーワードにしたものとしては、スガシカオさんが作詞した『夜空ノムコウ』も、すばらしい作品です。SMAP《スマップ》が歌って大ヒットしました。カラオケで歌うと感性がひらかれる感じがします。

『夜空《よぞら》ノムコウ』

作詞《さくし》・スガシカオ（作曲《さっきょく》・川村結花《かわむらゆか》）

あれからぼくたちは　何《なに》かを信《しん》じてこれたかなぁ…
夜空《よぞら》のむこうには　明日《あした》がもう待《ま》っている
誰《だれ》かの声《こえ》に気《き》づき　ぼくらは身《み》をひそめた
公園《こうえん》のフェンス越《ご》しに　夜《よる》の風《かぜ》が吹《ふ》いた

君《きみ》が何《なに》か伝《つた》えようと　にぎり返《かえ》したその手《て》は
ぼくの心《こころ》のやらかい場所《ばしょ》を　今《いま》でもまだしめつける
あれからぼくたちは　何《なに》かを信《しん》じてこれたかなぁ…
マドをそっと開《あ》けてみる　冬《ふゆ》の風《かぜ》のにおいがした
悲《かな》しみっていつかは　消《き》えてしまうものなのかなぁ…
タメ息《いき》は少《すこ》しだけ　白《しろ》く残《のこ》ってすぐ消《き》えた

歩《ある》き出《だ》すことさえも　いちいちためらうくせに
つまらない常識《じょうしき》など　つぶせると思《おも》ってた
君《きみ》に話《はな》した言葉《ことば》は　どれだけ残《のこ》っているの？
ぼくの心《こころ》のいちばん奥《おく》で　から回《まわ》りしつづける
あのころの未来《みらい》に　ぼくらは立《た》っているのかなぁ…
全《すべ》てが思《おも》うほど　うまくはいかないみたいだ

このままどこまでも　日々《ひび》は続《つづ》いていくのかなぁ…
雲《くも》のない星空《ほしぞら》が　マドのむこうにつづいてる
あれからぼくたちは　何《なに》かを信《しん》じてこれたかなぁ…
夜空《よぞら》のむこうには　もう明日《あす》が待《ま》っている

味わうポイント

「君に話した言葉はどれだけ残っているの？」とか「あのころの未来にぼくらは立っているのかなぁ…」とか、心の柔らかい部分にあのころの痛みが突き刺さってきます。私など「スガシカオ、うまい！」とうなってしまうくらいです。誰にとっても「あのころ」があり、そのときに思い描いた未来がある。でも、思っていたほど、すべてがうまくいきはしなかった。そんなことをふと思い出すと、中原中也とはまた違う形で心に響きます。

思いは時空を超える

『眼《め》にて云《い》ふ《う》』

宮沢賢治《みやざわけんじ》

だめでせ《しょ》う
とまりませんな
がぶがぶ湧《わ》いてゐ《い》るですからな
ゆふ《う》べからねむらず血《ち》も出《で》つづけなもんですから
そこらは青《あお》くしんしんとして

どうも間《ま》もなく死《し》にさう《そ》です
けれどもなんといゝ風《いかぜ》でせう《しょ》
もう清明《せいめい》が近《ちか》いので
あんなに青《あお》ぞらからもりあがって湧《わ》くやう《よ》に
きれいな風《かぜ》が来《く》るですな
もみぢの嫩芽《じわかめ》と毛《け》のやう《よ》な花《はな》に
秋草《あきくさ》のやう《よ》な波《なみ》をたて
焼痕《しょうこん》のある藺草《いぐさ》のむしろも青《あお》いです
あなたは医学会《いがくかい》のお帰《かえ》りか何《なに》かは知《し》りませんが

黒《くろ》いフロックコートを召《め》して
こんなに本気《ほんき》にいろいろ手《て》あてもしていたゞ《だ》けば
これで死《し》んでもまづ《ず》は文句《もんく》もありません
血《ち》がでてゐ《い》るにかゝ《かわ》らず
こんなにのんきで苦《くる》しくないのは
魂魄《こんぱく》なかばからだをはなれたのですかな
たゞ《だ》どうも血《ち》のために
それを云《い》へ《え》ないがひどいです
あなたの方《ほう》からみたら

ずゐ《い》ぶんさんたんたるけしきでせう《しょ》が
わたくしから見《み》えるのは
やつ《っ》ぱりきれいな青《あお》ぞらと
すきとほ《お》った風《かぜ》ばかりです。

『病床《びょうしょう》』

宮沢賢治《みやざわけんじ》

たけにぐさに
風《かぜ》が吹《ふ》いてゐ《い》るといふ《う》ことである

たけにぐさの群落《ぐんらく》にも
風《かぜ》が吹《ふ》いてゐ《い》るといふ《う》ことである

味わうポイント

年をとると、何かしらの病気を抱えるようになるものです。もちろん、健康はいいものですが、体の具合が悪くても、どこかいい風が吹いているような心になれる。宮沢賢治らしさが色濃く出ている『眼《め》にて云《い》ふ《う》』は、そんな詩です。療養生活のなかで綴った詩集『疾中《しっちゅう》』には、病床に臥せる身にありながら、外を吹く風に思いを馳せる詩が数編収録されています。

ここで挙げた『病床』では、竹林を吹き抜ける風を感じています。また『風がおもてで呼んでゐ《い》る』では、賢治を外へ誘い出そうとする風の叫びと心を交流させています。

そんな賢治はまた、どこかに「風のなかを大股で歩くということは、当たり前のことではなくて、奇跡だったんだ」というようなことも書き記しています。病気になって初めて、元気だったころに風のなかを大股で歩く自分を思い返し、体から魂が遊離していくような感覚を噛みしめていたのだと思います。

これらとセットで朗読してもらいたいのは、松尾芭蕉が最期に詠んだと伝えられる次の俳句です。

旅《たび》に病《やん》で夢《ゆめ》は枯野《かれの》をかけ廻《めぐ》る

松尾芭蕉《まつおばしょう》

味わうポイント

芭蕉は病床にあって、旅をしていたころの楽しさを思い返していたのでしょう。肉体が思い通りにならないことは寂しくもあるけれど、頭のなかで旅に遊び、俳句をつくる自分を想像することは可能です。

芭蕉はおそらく、旅への未練というよりは、旅を夢想する楽しさを味わっていたように思います。

私たちも年齢とともに、若いときほど体の自由がきかなくなります。でも、そう嘆くことでもありません。たとえば本を読めば、思いはあらゆる時空に飛んでいけます。そこで駆使される想像力というものに価値があるのです。

私自身、なかなか地球上のあちこちに行ける感じがしないので、ＮＨＫのＢＳでやっている『世界ふれあい街歩き』という番組を溜め録りしています。そうして時折見ては、自分がその街を歩いているような感覚を楽しんでいます。

短い人生、どのみち行ける場所は限られていますし、とくに中高年以降は「想像力で楽しむ」のも人生を豊かにする一つの方法ではないでしょうか。

次世代に思いを託す

『舊新約聖書《きゅうしんやくせいしょ》　文語訳《ぶんごやく》』（ヨハネによる福音書《ふくいんしょ》12―24～26）

誠《まこと》にまことに汝《なんじ》らに告《つ》ぐ、一粒《ひとつぶ》の麦《むぎ》、地《ち》に落《お》ちて死《し》なずば、唯一《ただひと》つにて在《あ》らん、もし死《し》なば、多《おお》くの果《み》を結《むす》ぶべし。己《おの》が生命《いのち》を愛《あい》する者《もの》は、これを失《うしな》ひ、この世《よ》にてその生命《いのち》を憎《にく》む者《もの》は、之《これ》を保《たも》ちて永遠《とこしえ》の生命《いのち》に至《いた》るべし。人《ひと》もし我《われ》に事《つか》へんとせば、我《われ》に従《したが》へ、わが居《お》る處《ところ》に我《われ》に事《つか》ふる者《もの》もまた居《お》るべし。人《ひと》もし我《われ》に事《つか》ふることをせば、我《わ》が父《ちち》これを貴《とうと》び給《たま》はん。

聖書 新共同訳

はっきり言っておく。一粒の麦は、地に落ちて死ななければ、一粒のままである。だが、死ねば、多くの実を結ぶ、自分の命を愛する者は、それを失うが、この世で自分の命を憎む人は、それを保って永遠の命に至る。わたしに仕えようとする者は、わたしに従え。そうすれば、わたしのいるところに、わたしに仕える者もいることになる。わたしに仕える者がいれば、父はその人を大切にしてくださる。

味わうポイント

「一粒の麦」と聞くと、「あぁ、『聖書』ね。一人の犠牲によって、多くの人が救われるという話でしょ」と通じてしまう。そのくらい『聖書』のこの一節は有名なところです。フランスのアンドレ・ジッドがこれをタイトルにした『一粒の麦もし死なずば』という作品を書いたことでも知られています。

音読に引用した部分は、ユダヤの過越《すぎこし》の祭りが始まったころにエルサレムの都に入ったイエスが、自分を敵視するパリサイ派の人々に殺されるであろうことがわかっていて、弟子たちに語った言葉です。

イエスの言う「一粒の麦」とは自分自身のこと。自らの死をもって人々を救済し、自分に仕える者は自分が死んだ後も常に自分とともにあり、神に大切に守られると言っています。

命に限りはあるけれど、その命を世のため、人のために尽くすことが、後の世と人々に豊かな実りをもたらす、というふうに捉えられます。

こういう考え方は日本人にとって、吉田松陰の『留魂録《りゅうこんろく》』とセットで読むと、より深く入るのではないかと思います。

吉田松陰《よしだしょういん》

『留魂録《りゅうこんろく》』（第一章《だいいっしょう》）

身《み》はたとひ《い》武蔵《むさし》の野辺《のべ》に朽《くち》ぬとも留置《とどめおか》まし大和魂《やまとだましい》

十月《じゅうがつ》念《にじゅう》五《ご》日《にち》　二十一回孟士《にじゅういっかいもうし》

一《ひとつ》、余《よ》去年《きょねん》已来《いらい》心蹟《しんせき》百変《ひゃっぺん》、挙《あ》げて数《かぞ》へ難《がた》し。就中《なかんずく》、趙《ちょう》の貫高《かんこう》を希《こいねが》ひ《い》、楚《そ》の屈平《くっぺい》を仰《あお》ぐ、諸知友《しょちゆう》の知《し》る所《ところ》なり。故《ゆえ》に子遠《しえん》が送別《そうべつ》の句《く》に「燕趙《えんちょう》多士《たし》一貫高《いっかんこう》。荊楚《けいそ》深《ふか》ク憂《うれ》フ《う》只屈平《ただくっぺい》」と云《い》ふ《う》も此《こ》の事《こと》なり。然《しか》るに五月十一日《ごがつじゅういちにち》関東《かんとう》の行《こう》を聞《き》きしよりは、又一《またひと》つの誠字《まことじ》に工夫《くふう》を付《つ》けたり。時《とき》に子《し》遠死字《えんしじ》を贈《おく》る。余是《よこ》れを用《もち》ひず、一白綿布《ひとつはくめんぷ》を求《もと》めて、孟子《もうし》の「至誠《しせい》にして動《うご》かざる者《もの》は未《いま》だ之《こ》れ有《あ》らざるなり」の一《いっ》句《く》を書《しょ》し、手巾《しゅきん》へ縫《ぬ》ひ付《つ》け携《たずさ》へて江戸《えど》に来《きた》り、是《こ》れを評《ひょう》定所《じょうしょ》に留《とど》め置《お》きしも吾《わ》が志《こころざし》を表《ひょう》するなり。去年来《きょねんらい》の事《こと》、恐《おそ》れ多《おお》くも天朝《てんちょう》・幕府《ばくふ》の間《かん》、誠意相孚《せいいあいふ》せざる所《ところ》あり。天《てん》苟《いやしく》も吾《わ》が区々《くく》の悃誠《こんせい》を諒《ゆる》し給《たまわ》はば、幕吏《ばくり》必《かなら》ず吾《わ》が説《せつ》を是《ぜ》とせんと志《こころざし》を立《た》てたれども、蚊蝱山《ぶんぼうさん》を負《お》ふの喩《たとえ》、終《つい》に事《こと》をなすこと能《あたわ》はず、今日《こんにち》に至《いた》る。亦吾《またわ》が徳《とく》の菲薄《ひはく》なるによれば、今将《いまは》た誰《だ》れをか尤《とが》め且《か》つ怨《うら》まんや。

要約

（冒頭にあるのは有名な辞世の句。「この身は武蔵の野辺に朽ちたとしても、わが大和魂は留めておきたい」と遺書を認める思いを歌にしている）

昨年来、数えきれないほど、さまざまな思いが去来した。とくに私がこうありたいと願ったのは、趙王のために漢の高祖を殺そうとして捕えられ、獄中で自殺した貫高であり、楚の憂国の詩人、屈原《くつげん》である。

しかし、東送の命令を聞いてからは「誠」という一字を考えてみた。そして、自らの志を表すものとして、孟子の「至誠にして動かざる者は未だ之れ有らざるなり」という一句を書いた手拭いを携え江戸に来た。

昨年の政情の移り変わりを見ると、朝廷と幕府の間に誠意の通じないところがあり、残念に思う。私の一途に貫こうとする誠意をわかってもらえたら、幕府の役人も私の説に耳を傾けてくれるだろうと志を立てた。

けれども「蚊や虻のような小さな虫でも、群れをなせば山を覆う」とのたとえ通り、幕府の俗吏たちがそれを握り潰し、ついになすところなく今日に至ってしまった。これも私の徳の至らぬところ。誰をとがめ、怨むことがあろうか。

『留魂録《りゅうこんろく》』（第八章《だいはっしょう》）　吉田松陰《よしだしょういん》

一《ひとつ》、今日《きょう》死《し》を決《けっ》するの安心《あんじ(し)ん》は四時《し(しい)じ》の順環《じゅんかん》に於《おい》て得《う》る所《ところ》あり。蓋《けだ》し彼《か》の禾稼《かか》を見《み》るに、春種《はるたねまき》し、夏苗《なつなえうえ》し、秋苅《あきか》り、冬蔵《ふゆぞう》す。秋冬《しゅうとう》に至《いた》れば人皆《ひとみな》其《そ》の歳功《さいこう》の成《な》るを悦《よろこ》び、酒《さけ》を造《つく》り醴《れい》を為《つく》り、村野《むらの》歓声《かんせい》あり。未《いま》だ曾《かつ》て西成《せいせい》に臨《のぞ》んで歳功《さいこう》の終《おわ》るを哀《かな》しむものを聞《き》かず。吾《わ》れ行年三十《ぎょうねんさんじゅう》、一事成《いちじな》ることなくして死《し》して禾稼《かか》の未《いま》だ秀《ひい》でず実《みの》らざるに似《に》たれば惜《お》しむべきに似《に》たり。然《しか》れども義卿《ぎきょう》の身《み》を以《もっ》て云《い》へば、是《こ》れ亦《また》秀実《しゅうじつ》の時《とき》なり、何《なん》ぞ必《かなら》ずしも哀《かな》しまん。何《なん》となれば人寿《じんじゅ》は定《さだま》りなし、禾稼《かか》の必《かなら》ず四時《し(しい)じ》を経《へ》る如《ごと》きに非《あら》ず。十歳《じっさい》にして死《し》する者《もの》は十歳中自《じっさいちゅうおのずか》ら四時《し(しい)じ》あり。二十《にじゅう》は自《おのずか》ら二十《にじゅう》の四時《し(しい)じ》あり。三十《さんじゅう》は自《おのずか》ら三十《さんじゅう》の四時《し(しい)じ》あり。五十《ごじゅう》、百《ひゃく》は自《おのずか》ら五十《ごじゅう》、百《ひゃく》の四時《し(しい)じ》あり。十歳《じっさい》を以《もっ》て短《みじか》しとするは蟪蛄《けいこ》をして霊椿《れいちん》たらしめんと欲《ほっ》するなり。百歳《ひゃくさい》を以《もっ》て長《なが》しとするは霊椿《れいちん》をして蟪蛄《けいこ》たらしめんと欲《ほっ》するなり。斉《ひと》しく命《いのち》に達《たっ》せずとす。義《ぎ》卿《きょう》三十《さんじゅう》、四《し(しい)》時《じ》已《すで》に備《そな》はる、亦《また》秀《ひい》で亦《また》実《みの》る、其《そ》の秕《しいな》たると其《そ》の粟《あわ》たると吾《わ》が知《し》る所《ところ》に非《あら》ず。若《も》し同志《どうし》の士《し》其《そ》の微衷《びちゅう》を憐《あわれ》み継紹《けいしょう》の人《ひと》あらば、乃《すなわ》ち後来《こうらい》の種子《しゅし》未《いま》だ絶《た》えず、自《おのずか》ら禾稼《かか》の有年《ゆうねん》に恥《はじ》ざるなり。同志《どうし》其《そ》れ是《こ》れを考思《こうし》せよ。

要約

今日、死を目前にして心平穏にいられるのは、春夏秋冬の四季の循環を考えたからだ。農事を見ると、春に種をまき、夏に苗を植え、秋に刈り取り、冬にそれを貯蔵する。収穫期を迎えて、その年の労働が終わったことを悲しむ者がいる、ということは聞いたことがない。

私は三十歳で生を終わろうとしている。何一つ成し遂げないままに死ぬことは、これまで働いて育てた穀物が実らなかったようではあるが、それでも私自身について考えれば花咲き、実を結んだのである。

人の寿命には決まりがない。農事のように、必ず四季が訪れるものでもない。しかし、人間にもふさわしい春夏秋冬がある。十歳で死ぬ者にも、二十歳、三十歳、五十歳、百歳で死ぬ者にも自ずからの四季がある。

私は三十歳、四季はすでに備わっている。それが単なるモミガラなのか、成熟した粟の実なのかは私の知るところではない。もし同志諸君のなかに、私のささやかな真心を憐《あわれ》み、受け継いでやろうという人がいるのなら、それはまかれた種子が絶えずに年々実るのと同じこと。収穫のある年に恥じないことになろう。同志よ、このことをよく考えてほしい。

味わうポイント

吉田松陰は日本という国を深く愛し、国を思うがゆえに行動したけれど、斬首《ざんしゅ》されてしまいました。その思いは、

かくすればかくなるものと知《し》りながら
やむにやまれぬ大和魂《やまとだましい》

という歌に表れています。そして松陰は、自分の魂を残しておこうと、松下村塾の門弟たちに遺書を書きました。それが『留魂録』です。

松陰のこの遺書を読んだ門弟たちが発憤して、やがて討幕を果たし、明治維新に至ったことを思うと、「狂」とも言える強い志を持った吉田松陰がまさに「一粒の麦」となり、後の日本に多くの実を結んだ、という見方ができます。

年を重ねるにつれて、誰しも「次世代に自分の思いをつなぎたい」という気持ちが強くなってくるはず。

『聖書』の「一粒の麦」と、松陰の『留魂録』を併せて読んでみてください。気持ちが高揚すること、間違いなしでしょう。

コラム・会話が勢いづく「付け足しことば・畳語」

いまの〝若者ことば〟には、文章をどんどん短くする傾向があります。ほとんど単語のようにしてポンと投げ出すことが多く、コミュニケーションがその一言で終わってしまう味気無さを感じます。

昔は逆で、シャレや語呂合わせの言葉を足して、会話を楽しんだものです。例があり過ぎて選択に困るほどですが、〝有名どころ〟をいくつかあげてみましょう。

「恐《おそ》れ入谷《いりや》の鬼子母神《きしもじん》」

「おっと合点承知之助《がってんしょうちのすけ》」

「いただき山《やま》の鳶烏《とびがらす》」

「言《い》わぬが花《はな》の吉野山《よしのやま》」

「驚《おどろ》き桃《もも》の木山椒《きさんしょ》の木《き》」

「その手《て》は桑名《くわな》の焼蛤《やきはまぐり》」

「知《し》らん顔《かお》の半《はん》(伴)兵衛《べえ》さん」

「平気《へいき》の平左衛門《へいざえもん》」

こんなふうに一言ですむところに余計だけれど気の利《き》いた言葉を付け足すと、会話に勢いがつくし、コミュニケーションが円滑になる。会話する相手との距離がぐっと縮まる感じがします。

この種の「付け足しことば」は将棋の対局中にもよく使われ、たとえば、

「王手《おうて》うれしや別《わか》れの辛《つら》さ」
「勝《か》てば芍薬《しゃくやく》坐《すわ》れば牡丹《ぼたん》」
「手《て》が無《な》いの次郎直実《じろうなおざね》」
「敵《てき》もさるもの引掻《ひっか》くもの」
「鳴《な》る程光《ほどひか》る稲光《いなびかり》」

などと言いながら駒を打っていたようです。

江戸時代の人たちが将棋をさしたり、お茶を飲んだりしながら楽しんだ「付け足しことば」を音読し、そこから「お互いに気分よく過ごそうね」という作法を感じ取っていただきたいところです。

また、言葉に遊びや覚えやすさ、リズムなどの要素を取り入れる意味で、同じ言葉を畳み掛けるように重ねていく「畳語《じょうご》」というものがあります。

この「畳語」には、「早口ことば」的な楽しさと、短歌に通じる「五七五七七」風のリズム、シャレのおもしろさなどがあって、現代音楽にたとえるならラップのように楽しめます。五つほど、紹介しましょう。

瓜売《うりう》りが　瓜売《うりう》りに来《き》て　売《う》り残《のこ》し　売《う》り売《う》り帰《かえ》る
瓜売《うりう》りの声《こえ》

「うり」という発音が繰り返されること九回。これが各句の最初に据えられる、このような修辞は「頭韻《とういん》」と呼ばれ、万葉の昔からしばしば用いられています。

八雲立《やくもた》つ　出雲八重垣《いずもやえがき》。妻《つま》ごめに　八重垣作《やえがきつく》る。その八重垣《やえがき》を。

『古事記』にある、スサノオノミコトが詠んだとされる歌です。

為《な》せば成《な》る　為《な》さねば成《な》らぬ　何事《なにごと》も　成《な》らぬは人《ひと》の為《な》さぬなりけり

この歌は、上杉鷹山《ようざん》が子の顕孝《あきたか》の侍臣《じしん》に示したことで有名なもの。道徳をわかりやすく詠んだ道歌から引用したものと言われています。

南無釈迦《なむしゃか》じゃ　娑婆《しゃば》じゃ　地獄《じごく》じゃ　苦《く》じゃ楽《らく》じゃ
どうじゃこうじゃというが愚《おろ》かじゃ

一休の作と伝えられる歌です。「じゃ」のつくるリズムが、音読して楽しいものです。一休は「童歌」と呼ばれる道徳的ヒントを含む和歌をたくさんつくっています。

月月《つきづき》に　月見《つきみ》る月《つき》は　多《おお》けれど　月見《つきみ》る月《つき》は　この月《つき》
の月《つき》

詠み人知らず。「月」の字が八回出てくることから、陰暦の八月を表しているとされています。

4章 しみじみと日本的な「情緒」に浸る

敵にも相身互いの情を持つ

『敦盛最期《あつもりのさいご》』（平家物語《へいけものがたり》）

いくさやぶれにければ、熊谷次郎直実《くまがえのじろうなおざね》、「平家《へいけ》の君達《きんだち》たすけ舟《ぶね》に乗《の》らんと、汀《みぎわ》の方《かた》へぞおち給《たま(たも)》ふ《う》らむ《ん》。あッぱれ、よから《ろ》う大将軍《たいしょうぐん》にくまばや」とて、磯《いそ》の方《かた》へあゆまするところに、練貫《ねりぬき》に鶴《つる》ぬうたる直垂《ひたたれ》に、萌黄匂《もよぎにおい》の鎧《よろい》着《き》て、鍬《くわ》形《がた》うッたる甲《かぶと》の緒《お》しめ、こがねづくりの太刀《たち》をはき、切斑《きりふ》の矢負《やお》ひ《い》、滋籐《しげどう》の弓《ゆみ》もッて、連銭葦毛《れんぜんあしげ》なる馬《むま(うま)》に黄覆輪《きんぷくりん(きぶくりん)》の鞍《くら》おいて乗《の》ッたる武者一騎《むしゃいっき》、沖《おき》なる舟《ふね》に目《め》をかけて、海《うみ》へざッとうちいれ、五六段《ごろくたん》ばかりおよがせたるを、熊谷《くまがえ》、「あれは大将軍《たいしょうぐん》とこそ見参《みまい》らせ候《そうら》へ《え》。まさなう《(の)》も敵《かたき》にうしろを見《み》せさせ給《たま(たも)》ふ《う》ものかな。かへ《え》させ給《たま》へ《え》」と扇《おうぎ》をあげてまねきければ、招《まね》かれてとッてかへ《え》す。汀《みぎわ》にうちあがらんとするところに、おしならべてむずとくんでどうどおち、とッておさへ《え》て頸《くび》をかかんと甲《かぶと》をおしあふ《おう》のけてみければ、年十六七《としじゅうろくしち》ばかりなるが、薄化粧《うすげしょう》して、かね黒《ぐろ》なり。我子《わがこ》の小次郎《こじろう》がよは《わ》ひ《い》程《ほど》にて、容顔《ようがん》まことに美麗《びれい》なりければ、いづ《ず》くに刀《かたな》を立《た》つべしともおぼえず。「抑《そもそも》いかなる人《ひと》にてましまし候《そうろう》ぞ。名《な》のらせ給《たま》へ《え》。たすけ参《まい》らせん」と申《もう》せば、「汝《なんじ》はたそ」と問《と》ひ《い》給《たま(たも)》ふ《う》。「物《もの》その者《もの》で候《そうら》は《わ》ねども、武《むさ》蔵国住人《しのくにのじゅうにん》、熊谷次郎直実《くまがえのじろうなおざね》」となのり申《もう》す。「さては、なんぢ《じ》にあう《(お)》てはなのるまじいぞ。なんぢ《じ》がためにはよい敵《かたき》ぞ。名《な》のらずとも頸《くび》をとッて人《ひと》に問《と》へ《え》。見知《みし》ら《ろ》うずるぞ」とぞ宣《のたま》ひ《い》ける。熊谷《くまがえ》、「あッぱれ、大将軍《たいしょうぐん》や。此人一人《このひといちにん》うち奉《たてま》ッたりとも、まくべきいくさに勝《か》つべきや《よ》うもなし。

又《また》うち奉《たてまつ》らずとも、勝《か》つべきいくさにまくる事《こと》もよもあらじ。小次郎《こじろう》がうす手負《でお》うたるをだに、直実《なおざね》は心苦《こころぐる(しゅう)》しうこそ思《おも》ふに、此殿《このとの》の父《ちち》、うたれぬと聞《き》いて、いか計《ばかり》かなげき給《たま》はんずらん。あはれ《わ》たすけ奉《たてまつ》らばや」と思《おも》ひ《い》て、うしろをきッと見《み》ければ、土肥《とひ》、梶原五十騎《かじわらごじっき》ばかりでつづいたり。

熊谷涙《くまがえなみだ》をおさへ《え》て申《もう》しけるは、「たすけ参《まい》らせんとは存《ぞん》じ候《そうら》へ《え》ども、御方《みかた》の軍兵雲霞《ぐんびょううんか》のごとく候《そうろう》。よものがれさせ給《たま》はじ《わ》。人手《ひとで》にかけ参《まい》らせんより、同《おな》じくは直実《なおざね》が手《て》にかけ参《まい》らせて、後《のち》の御孝養《おんきょうよう》をこそ仕《つかまつ》り候《そうら》はめ《わ》」と申《もう》しければ、「ただとく〳〵頸《とくくび》をとれ」とぞ宣《のたまい》ひける。熊谷《くまがえ》あまりにいとほしくて、いづくに刀をたつべしともおぼえず、目もくれ心もきえはてて、前後不覚におぼえけれども、さしてもあるべき事ならねば、泣く〳〵頸をぞかいてンげる。

「あはれ、弓矢とる身ほど口惜しかりけるものはなし。武芸の家に生れずは、何とてかかるうき目をばみるべき。なさけなうもうち奉るものかな」とかきくどき、袖をかほにおしあててさめ〴〵とぞ泣きゐたる。良久しうあッて、さてもあるべきならねば、鎧直垂をとッて頸をつつまんとし

ける に、錦《にしき》の袋《ふくろ》にいれたる笛《ふえ》をぞ腰《こし》にさされたる。「あないとほし、この暁城《あかつきじょう》のうちにて管絃《かんげん》し給《たま》ひつるは、此《この》人々《ひとびと》にておはしけり。当時《とうじ》みかたに東国《とうごく》の勢何万騎《せいなんまんき》かあらめども、いくさの陣《じん》へ笛《ふえ》もつ人《ひと》はよもあらじ。上臈《じょうろう》は猶《なお》もやさしかりけり」とて、九郎御曹司《くろうおんぞうし》の見参《げんざん》に入《い》れたりければ、これを見《み》る人涙《ひとなみだ》をながさずといふ事《こと》なし。後《のち》に聞《き》けば、修理大夫経盛《しゅりのだいぶつねもり》の子息《しそく》に大夫敦盛《たいふあつもり》とて、生年《しょうねん》十七《じゅうしち》にぞなられける。それよりしてこそ熊谷《くまがえ》が発心《ほっしん》の思《おもい》はすすみけれ。件《くだん》の笛《ふえ》はおほぢ忠盛笛《おじただもりふえ》の上手《じょうず》にて、鳥羽院《とばのいん》より給《たまわ》はられたりけるとぞきこえし。経盛相伝《つねもりそうでん》せられたりしを、敦盛器量《あつもりきりょう》たるによッて、もたれたりけるとかや。名《な》をば小枝《さえだ》とぞ申《もう》しける。狂言綺語《きょうげんきぎょ》の理《ことわり》といひ《い》ながら、遂《つい》に讃仏乗《さんぶつじょう》の因《いん》となるこそ哀《あわ》れなれ。

現代語訳

平家が合戦に敗れたので、熊谷次郎直実は「平家の公達が助け船に乗ろうと、波打ち際のほうへ落ちていくだろう。ああ、身分の高い将軍に出会って、取り組みたいものだ」と思いながら、磯のほうへ進んでいた。そこへ、練貫《ねりぬき》（生糸を縦に、柔らかい絹糸を横にして織ったもの）に鶴の刺繍をした直垂《ひたたれ》に、萌黄匂の鎧を着て、鍬型を打った甲の緒を締め、黄金づくりの太刀をさし、切斑《きりふ》の矢を負い、滋籐《しげどう》の弓を持って、連銭《れんぜん》葦毛の馬に金《きん》覆輪《ぷくりん》の鞍を置いて乗った武者一騎が、沖の船を目指して海にざざっと馬を乗り入れ、五、六段（五十〜六十メートル）ほど泳がせているのと出会った。

「そこにおられるのは大将軍とお見受けします。敵に後ろを見せるとは卑怯ですな。お戻りなさい」と扇をあげて招くと、その武者は引き返してきた。波打ち際に上がろうとするところに、熊谷は馬を並べてむずと組んでどしんと落とし、取り押さえて首を斬《き》ろうとした。が、その武者の甲を仰向けにしてみると、年は十六、十七ばかりで、薄化粧をし、お歯黒をつけている。我が子の小次郎ほどの年齢で、容貌がとても美しかったので、刀をどこに立てたらよいのかわからない。

　そこで熊谷が「そもそも、どういう方なのですか。お名乗りください。お助けしましょう」と言うと、逆に「お前は誰だ」と問われた。熊谷は「大した者ではありませんが、武蔵国の住人、熊谷次郎直実」と名乗った。すると、その若武者は「ならば、お前には名乗るまい。お前にとって私は良い敵だぞ。自分が名乗らなくても、首を取って人に尋ねてみるがいい。見知っているはずだ」と言う。

「ああ、立派な大将軍だ。この人一人を討ったとて、負けるはずの戦に勝てるはずはない。勝つはずの戦に負けることもないだろう。自分は小次郎が軽い傷を負うのさえつらく思う。この殿を討てば、父がどれほど嘆かれることか。ああ、お助けしたい」と熊谷は思い、後ろを振り返ると、土肥、梶原が五十騎ほど続いて来る。熊谷が涙を押さえて言うには、「お助けしたいと思うのですが、味方の軍兵が雲霞《うんか》のようにおりますので、よもや逃げおおすことはできますまい。ほかの者の手にかかるくらいなら、直実が手にかけて、死後の供養をいたしましょう」。若武者は「さっさと首を取れ」と言う。

熊谷はあまりにかわいそうで、どこに刀を立ててよいかもわからずに目の前が真っ暗になり、正気も失い、前後不覚のようになったが、そうもしていられないので泣く泣く首を斬った。なおも「ああ、弓矢をとる身ほど、残念なものはない。武芸の家に生まれなければ、こんなつらい目にあわなかっただろうに。情けなくも、討ってしまったことよ」とくどくど言い、袖を顔に当ててさめざめと泣いた。

かなり時間が経ち、そうしてばかりもいられず、若武者の鎧直垂を取って首を包もうとしたところ、錦の袋に入った笛を腰にさしておられた。「ああ、かわいそうに。今日の明け方、城のなかで管弦をなさっていたのは、この方々だったのだ。現在味方に東国の兵が何万騎とあろうが、戦陣に笛を持つ人はまさかいないであろう。身分の高い人は優雅なものだ」と思って、九郎御曹司義経に見せたが、これを見て涙を流さぬ人はいない。

後に聞いたところ、その若武者は修理大夫経盛の息子の大夫敦盛で、生年十七になっておられた。

そんなことがあって、熊谷は出家の意思をいっそう強くした。例の笛は、祖父忠盛が笛の上手で、鳥羽院からいただいたものだという。笛の名は小枝といった。狂言綺語《きご》（文学作品）でも仏道に入る原因となる道理があると言うが、笛（音楽）のことが仏門に入る原因となったのは、まことに感慨深いことである。

味わうポイント

『平家物語』の本来の魅力は、合戦の場面にあります。日本文学のなかでも、肉体の躍動している感じが一番よく出ているものと言えます。体がぶつかり合う音まで聞こえる合戦場面が、日本語の調べに実によく合っているのです。

たとえば「ぞ……ける」など、係り結びが多用されているのも、一つの特徴です。音読するとわかりますが、リズムが出て、勢いが増していくところがあります。係り結びの〝存在理由〟がよくわかる感じです。

しかも合戦場面といっても、単に双方が憎しみや恨みを、あるいは「我こそ正義なり」という主張をぶつけ合い、「皆殺しだ！」と激しく戦う様子を描いているわけではありません。

そこに、敵・味方でありながら、互いが相手に対する「情《じょう》」というものを感じています。戦いながらも心のどこかで「なぜ、こんなことをしなければならないのか」と、戦うことのむなしさを感じているのです。

そういった情感をきめ細かく描いているところに、『平家物語』が日本人に長く愛されてきた理由があるように思います。

とりわけこの『敦盛最期《あつもりのさいご》』には、そんな情感がよく表れています。熊谷は本当は敦盛を助けたかったのです。自分の息子くらいの見目麗しい高貴な青年を、どうして殺さなければいけないのか。熊谷が感じた戦うことのむなしさ、運命の切なさ、情け深さは日本人の心に沁みるものです。

一方で、敦盛の潔さも、心を動かされるところです。名を尋ねられても「お前の手柄になるぞ。自分の首を取って、誰かに聞け」と名乗らない。熊谷が「お助けしたい」と言っても、「早く首を斬れ」と突っぱねる。熊谷が「敵ながらあっぱれ」と敦盛を敬服した気持ちは、読み手の思いをそのまま代弁したものでもあるでしょう。

さらに、敦盛の遺品の笛が、熊谷を仏門へと向かわせた。そんな〝落ち〟がまた、哀れを誘います。

『平家物語』の基調低音には、冒頭からずっと「祇園精舎の鐘の音」が静かに流れています。それがより強く感じられるのが『敦盛最期』でしょう。やや長文ですが、情感たっぷりに読み上げて味わってください。

老いて咲く花もある

『風姿花伝《ふうしかでん》』（第一《だいいち》　年来稽古条々《ねんらいけいこじょうじょう》　五十有余《ごじゅうゆうよ》）　世阿弥《ぜあみ》

この比《ころ》よりは、大方《おおかた》、せぬならでは、手立《てだて》あるまじ。「麒麟《きりん》も老《お》いては駑馬《どば》に劣《おと》る」と申《もう》す事《こと》あり。さりながら、誠《まこと》に得《え》たらん能者《のうしゃ》ならば、物数《ものかず》はみな失《う》せて、善悪見《ぜんあくみ》所《どころ》は少《すく》しとも、花《はな》は残《のこ》るべし。

亡父《ぼうふ》にて候《そうら》ひし者《もの》は、五十二《ごじゅうに》と（申《もう》しし）五月《ごがつ》（十九《じゅうく》日《にち》）に死去《しきょ》せしが、その月《つき》の四日《よっか》の日《ひ》、駿河《するが》の國浅間《くにせんげん》の御《おん》前《まえ》にて法楽仕《ほうらくつかまつ》り、その日《ひ》の申楽《さるがく》、殊《こと》に花《はな》やかにて、見物《けんぶつ》の上下《じょうげ》、一同《いちどう》に褒美《ほうび》せしなり。およそ、その比《ころ》、物数《ものかず》をば早《はや》初心《しょしん》に譲《ゆず》りて、やすき所《ところ》を少《すく》なく〳〵と色《いろ》へ《え》てせしかども、花《はな》はいや増《ま》しに見《み》えしなり。これ、誠《まこと》に得《え》たりし花《はな》なるが故《ゆえ》に、能《のう》は枝葉《えだは》も（少《すく》な《な》く）、老木《おいき》になるまで、花《はな》は散《ち》らで残《のこ》りしなり。これ、目《ま》のあたり、老骨《ろうこつ》に残《のこ》りし花《はな》の證《しょう》據《こ》なり。

五十を過ぎると、概して「しない」という以外に方法はないだろう。「麒麟《きりん》も老いぬれば駑馬《どば》に劣る（優れた人も年老いたら、その働きが凡人にもおよばなくなる）」とも言われる。しかし道を得た堪能の人であれば、上演できる曲の数もなくなり、良い・悪いの見どころは乏しくても、体得した花は残っているものである。

亡くなった私の父の観阿弥は、五十二の年の五月十九日に死んだが、その月の四日に駿河の浅間神社の社前で法楽能を奉仕し、その日の申楽はことのほか花やかで、見物は上下を問わず一同に褒め称えた。そのころにはもう、いろいろと番数をやることは初心者（世阿弥）に譲って、楽なところを控えめに色どって演じていたが、花はよりまさって見えた。真に体得した花であるゆえに、能は枝葉も少なく老木になるまでも、花が散らずに残ったのである。これこそ目の当たりにした、老骨に残存した花の証拠である。

味わうポイント

能は体力を消耗する芸なので、年をとると演じること自体が難しくなる面もあります。しかし、世阿弥は、力が衰えたとしても、長年の間に体得した花は残ると言っています。そこから亡父の思い出に入り、観阿弥が五十二歳で亡くなるわずか十五日前に舞い、見物していたみんなから絶賛されたといいます。

能楽には「時分《じぶん》の花」という言葉があって、これは若さという好条件があって出てくる一時的なおもしろさを意味します。観阿弥が見せたのは、老いてこそ会得できた「まことの花」だったということです。

能に限らず、ある一つのことを一生懸命やって、それなりのものを積み上げてきた人というのは、衰えたといえども若い人たちにはない花があります。そういう自分のなかの花というものを意識することも、後半生の豊かな生き方に通じるのではないでしょうか。

ご自身も能を演じられた随筆家の白洲正子さんは『お能　老木の花』という著書で、題名を『風姿花伝』のこのくだりからとったそうです。以下に、白洲さんがこの本の最後に書いていることを引用しておきましょう。

『お能《のう》　老木《おいき》の花《はな》』（老木《おいき》の花《はな》）

白洲正子《しらすまさこ》

そのほかにも、「老木《おいき》に花《はな》の咲《さ》かんがごとし」という形《けい》容《よう》を世阿弥《ぜあみ》は度々用《たびたびもち》いており、老人《ろうじん》になってからの芸《げい》がいかに大切《たいせつ》か、人生《じんせい》の最後《さいご》に咲《さ》いた花《はな》こそ、「まことの花《はな》」であるとくり返《かえ》し説《と》いている。先《さき》にも述《の》べたようにそれは日本《にほん》の文化一般《ぶんかいっぱん》に通《つう》ずる思想《しそう》であって、西洋《せいよう》の芸術《げいじゅつ》が若《わか》さと力《ちから》の表徴《ひょうちょう》であるなら、これは人生《じんせい》の経験《けいけん》を積《つ》んだ後《あと》に到《とう》達《たつ》することのできる幸福《こうふく》な境地《きょうち》と呼《よ》べよう。私《わたし》はどちらがいいなどといっているのではない。ただ年《とし》をとるということは、ある意味《いみ》では生涯《しょうがい》で一番《いちばん》たのしい時期《じき》ではないかとひそかに思《おも》っているにすぎない。というのは、若《わか》い時《とき》には知《し》らずにすごしたさまざまなものが見《み》えて来《く》るからだ。

昔馴染みだからこそ通い合う情

『大原御幸《おおはらごこう》』（平家物語《へいけものがたり》）

西《にし》の山《やま》のふもとに、一宇《いちう》の御堂《みどう》あり。即《すなわ》ち寂光院《じゃくこういん》是《これ》なり。
ふるう作《つく》りなせる前水《せんずい》、木立《こだち》、よしある様《さま》の所《ところ》なり。「甍《いらか》
やぶれては霧《きり》不断《ふだん》の香《こう》をたき、枢《とぼそ》おちては月常住《つきじょうじゅう》の灯《ともしび》を
かかぐ」
とも、かや《よ》うの所《ところ》をや申《もう》すべき。

庭《にわ》の若草《わかくさ》しげりあひ《い》、青柳糸《あおやぎいと》を乱《みだ》りつつ、池《いけ》の蘋浪《うきくさなみ》にただよひ《い》、錦《にしき》をさらすかとあやまたる。中島《なかじま》の松《まつ》にかかれる藤《ふじ》なみの、うら紫《むらさき》に咲《さ》ける色《いろ》、青葉《あおば》まじりの遅桜《おそざくら》、初花《はつはな》よりもめづ《ず》らしく、岸《きし》のやまぶき咲《さ》き乱《みだ》れ、八重《やえ》たつ雲《くも》のたえまより、山郭公《やまほととぎす》の一声《ひとこえ》も、君《きみ》の御幸《みゆき》を待《ま》ちがほ《お》なり。法皇是《ほうおうこれ》を叡覧《えいらん》あッて、かう《こ》ぞおぼしめしつづけける。

池水《いけみず》にみぎわのさくら散《ち》りしきて
なみの花《はな》こそさかりなりけれ

ふりにける岩《いわ》のたえ間《ま》よりおちくる水《みず》の音《おと》さへ《え》、ゆゑ《え》びよしある所《ところ》なり。緑蘿《りょくら》の墻《かき》、翠黛《すいたい》の山《やま》、画《え》にかくとも筆《ふで》もおよびがたし。

女院《にょういん》の御庵室《ごあんじつ》を御覧《ごらん》ずれば、軒《のき》には蔦槿《つたあさがお》はひ《い》かかり、信夫《しのぶ》まじりの忘草《わすれぐさ》、「瓢簞《ひょうたん》しば〱《しば》むなし、草顔淵《くさがんえん》が巷《ちまた》にしげし。藜藋《れいじょう》ふかく鎖《さ》せり、雨原憲《あめげんけん》が枢《とぼそ》をうるほ《お》す」とも言《い》ッつべし。杉《すぎ》の葺目《ふきめ》もまばらにて、時雨《しぐれ》も霜《しも》もおく露《つゆ》も、もる月影《つきかげ》にあらそひ《い》て、たまるべしとも見《み》えざりけり。うしろは山《やま》、前《まえ》は野辺《のべ》、いざさ小笹《おざさ》に風《かぜ》さわぎ、世《よ》にたたぬ身《み》のならひ《い》とて、うきふししげき竹柱《たけばしら》、都《みやこ》の方《かた》のことづては、まどほ《お》に結《ゆ》へ《え》るませがきや、わづ《ず》かに事《こと》とふ《う》物《もの》とては、峰《みね》に木《こ》づた《(と)》ふ《う》猿《さる》の声《こえ》、賤《しず》が爪木《つまぎ》の斧《おの》の音《おと》、これらが音信《おとずれ》ならでは、正木《まさき》のかづ《ず》ら青《あお》つづ《ず》ら、くる人《ひと》まれなる所《ところ》なり。

（中略）

さる程《ほど》に上《うえ》の山《やま》より、こき墨染《すみぞめ》の衣《ころも》着《き》たる尼《あま》二人《ににん》、岩《いわ》のかけぢ《じ》をつたひ《い》つつ、おりわづ《ず》らひ《い》給《たま》ひ《い》けり。法皇《ほうおう》是《これ》を御《ご》覧《らん》じて、「あれは何者《なにもの》ぞ」と御尋《おんたず》ねあれば、老尼《ろうに》涙《なみだ》をおさへ《え》て申《もう》しけるは、「花《はな》がたみひぢ《じ》にかけ、岩《いわ》つつじとり具《ぐ》してもたせ給《たま》ひ《い》たるは、女院《にょういん》にてわたらせ給《たま》ひ《い》さぶら《(ろ)》ふ《う》なり。爪木《つまぎ》に蕨《わらび》折《お》り具《ぐ》してさぶらふ《（ろ）ぅ》は、鳥飼《とりかい》の中納言《ちゅうなごん》伊実《これざね》の娘《むすめ》、五条《ごじょうの》大納言《だいなごん》邦綱卿《くにつなのきょう》の養子《ようじ》、先帝《せんてい》の御《おん》めのと、大納《だいな》言佐《ごんのすけ》」と申《もう》しもあへ《え》ず泣《な》きけり。法皇《ほうおう》もよにあは《わ》れげにおぼしめして、御涙《おんなみだ》せきあへ《え》させ給《たま》は《わ》ず。女院《にょういん》は、「さこそ世《よ》を捨《す》つる御身《おんみ》といひ《い》ながら、いまかかる御有様《おんありさま》を見《み》え参《まい》らせむ《ん》ずらん恥《は》づ《ず》かしさよ。消《き》えもうせばや」とおぼしめせどもかひ《い》ぞなき。

宵々《よいよい》ごとのあかの水《みず》、結《むす》ぶたもともしを《お》るるに、暁《あかつき》おきの袖《そで》の上《うえ》、山路《やまじ》の露《つゆ》もしげくして、しぼりやかねさせ給《たま》ひ《い》けん、山《やま》へもかへらせ給《たまわ》はず、御庵室《おんあんじつ》へもいらせ給《たまわ》はず、御涙《おんなみだ》にむせばせ給《たまい》ひ、あきれてたたせましましたる処《ところ》に、内侍《ないし》の尼参《あままい》りつつ、花《はな》がたみをば給《たまわ》はりけり。

現代語訳

西の山のふもとに、一棟の御堂がある。寂光院だ。古びた庭の池や木立ちが、見るからに由緒ありげなところである。

「屋根瓦が壊れ落ちて、堂内には香をたきこめたように霧が絶え間なく漂い、はずれた扉の隙間から差し込む月の光は、夜通し灯火をともすように見える」

と歌われた風情は、こういうところを言うのであろうか。

庭には若草が繁り、青柳の糸を垂れたような柳は風に乱れ、池の水に漂う浮き草は、錦を水にさらしているかのようである。

池の中島の松にかかった藤が薄紫の花をつけ、青葉まじりの山桜も珍しく、岸には山吹きが咲き乱れ、わきたつ雲の間から山ほととぎすの鳴き声が、法皇の御幸を待ちかねていたかのようである。

法皇はこの景色をごらんになって、このように歌を詠まれた。

池水に、汀の桜散りしきて
浪の花こそ　さかりなりけれ

苔むした岩の間から落ちる水の音さえ由緒ありげで、趣がある。緑の蔦かずらの垣の向こうに、眉墨を流したような山々が望まれ、絵筆もおよばない。

建礼門院の庵室をご覧になると、軒には蔦や朝顔が這い、忍ぶ草にまじって忘れ草が生え、「飲み物や飯を盛る瓢《ひさご》も簞《わりご》もしばしば空になるという、清貧で知られた孔子の弟子、顔淵《がんえん》の住まいは、草が生い茂っている。密生するあかざに囲まれた、やはり孔子の弟子の原憲《げんけん》の庵の扉は、雨に濡れている」というありさまも、このようなことかと思われる。屋根は杉皮が破れ、時雨《しぐれ》も霜も露も月の光と争うように漏れてきて、防ぎようがない。後ろは山、前は野辺で、ささやかな小笹をさやさやと鳴らして風が吹き抜ける。世間に閉ざされた身の常として、つらく悲しいことが粗末な住まいの竹柱の節のように多く、都からの便りも目を粗く結った柴や竹の垣根のように間遠である。わずかに訪れるのは、峰を木伝いに渡る猿の声や、薪《たきぎ》を切る木こりの斧《おの》の音だけ。ほかには緑に茂る樹木や蔦があるばかりで、訪ねて来る人もまれなところである。(中略)

しばらくして上の山から、濃い墨染の衣に身を包んだ二人の尼が、岩の崖道伝いにたどたどしく下りてきた。法皇が彼女たちをご覧になって「あれは誰か」と尋ねると、年老いた尼は涙をおさえて、「花籠を肘《ひじ》にかけ、真っ赤な岩つつじをお持ちの方が女院(建礼門院)です。薪とわらびを手にしている方は、鳥飼の中納言伊実の娘で、五条大納言邦綱卿の養子となり、先の安徳天皇の乳母であった大納言佐……」と言い終わらずに泣いた。

法皇も本当に哀れなことと思って、涙をとどめることができない。建礼門院は「すでに出家した身とはいえ、いまこのようなありさまをお見せするのは恥ずかしい。このまま消えてしまいたい」と思ったが、どうしようもない。

毎晩、仏にお供えする水を汲んでは袂を濡らすうえ、暁に起きて山へ登られたから、山道の露も激しくて、袖の露を絞る暇もない。山へ引き返すこともできず、さりとて庵にも入らず、涙にむせんで呆然と立ちつくすばかりのところへ、内侍の尼が駆け上り、そっと花籠を受け取った。

味わうポイント

『平家物語』のラストを飾るこの場面は、壇ノ浦の戦いで助けられて出家し、京都・大原の寂光院に庵《いおり》を結んだ建礼門院を、後白河法皇が訪れたところです。

建礼門院は平清盛の三女、徳子です。十七歳のときに後白河法皇の第七皇子である高倉天皇の元に入内しました。つまり、建礼門院にとって後白河法皇は、義理の父親に当たります。

いわば政略結婚で、このときはまだ清盛と後白河法皇はタッグを組んで日本を動かそうとしていたわけです。ところが、安徳天皇が生まれたあたりから、二人の仲は険悪になっていきました。

後白河法皇はしぶといと言いますか、クーデターを起こした清盛に幽閉される憂き目に遭いながらも、清盛亡き後に力を盛り返します。そして、源氏に平家追討の院宣《いんぜん》を与え、平家を追い詰めていったのです。

しぶとく生き延びた後白河法皇と、はからずも生き残ってしまった建礼門院。それまでの物語のすべての出来事を見渡せる立場にあった二人は、同じ時の流れのなかでいろんな思いを抱えて生きてきたのですが、恨みや切なさを越えて通い合う情というものがあったように思います。

人生においては、たとえば昔の同級生同士が数十年を経て久しぶりに会うと、楽しかったことだけではなくつらく苦しい思い出も含めて「いろいろあったねぇ」と改めてしみじみ振り返るような場面があります。そんな感慨を読み取っていただけるといいと思います。

また、建礼門院が年をとって容色も衰え、ある種うらぶれた姿になった自分を見せるのが「恥ずかしい。消えてしまいたい」と言う。その何とも日本人らしい感性も味わってください。とくに「さこそ世《よ》を捨《す》つる御身《おんみ》といひ《い》ながら、いまかかる御有様《おんありさま》を見《み》え参《まい》らせむ《ん》ずらん恥《はず》づかしさよ。消《き》えもうせばや」の部分は、音読するといっそう心に沁みると思います。

愛する人との別れを思う

『レモン哀歌《あいか》』

高村光太郎《たかむらこうたろう》

そんなにもあなたはレモンを待《ま》つ《っ》てゐ《い》た
かなしく白《しろ》くあかるい死《し》の床《とこ》で
わたしの手《て》からとつ《っ》た一《ひと》つのレモンを
あなたのきれいな歯《は》ががりりと噛《か》んだ
トパアズいろの香気《こうき》が立《た》つ

その数滴《すうてき》の天《てん》のものなるレモンの汁《しる》は
ぱつ《っ》とあなたの意識《いしき》を正常《せいじょう》にした
あなたの青《あお》く澄《す》んだ眼《め》がかすかに笑《わら》ふ《う》
わたしの手《て》を握《にぎ》るあなたの力《ちから》の健康《けんこう》さよ
あなたの咽喉《のど》に嵐《あらし》はあるが
か《こ》うふ《う》命《いのち》の瀬戸《せと》ぎは《わ》に
智恵子《ちえこ》はもとの智恵子《ちえこ》となり
生涯《しょうがい》の愛《あい》を一瞬《いっしゅん》にかたむけた
それからひと時《とき》

昔《むかし》　山巓《さんてん》でしたやうな深呼吸《しんこきゅう》を一《ひと》つして
あなたの機関《きかん》はそれなり止《と》まつ《っ》た
写真《しゃしん》の前《まえ》に挿《さ》した桜《さくら》の花《はな》かげに
すずしく光《ひか》るレモンを今日《きょう》も置《お》か《こ》う

味わうポイント

『レモン哀歌』が収録されている『智恵子抄』は、彫刻家であり詩人でもあった高村光太郎が妻の智恵子との三十年を綴った二冊目の詩集です。

智恵子が精神を病んでしまったのは、結婚して十八年ほど経ったころのこと。なぜそうなったかは推測するしかありませんが、高村光太郎との関係が智恵子を苦しめた部分もあったのかもしれません。

というのも、智恵子は自身も洋画を描く芸術家でありながら、夫の芸術家としての資質を敬愛する余り、自身の芸術に向ける思いが十全に満たされなかった、という見方もできるからです。

もっとも、光太郎と智恵子の間には、ほかの誰も踏み込めない、二人にしかわからない世界があったのでしょうけれど。

いずれにせよ、智恵子が精神を病んでからは、二人が以前のように気持ちをやりとりするのが難しくなったことと思います。

でも死を前にした最後の最後に、智恵子はレモンをかじったときに意識が正常になったといいます。智恵子はもとの智恵子になって、光太郎への生涯の愛を一瞬に傾けたのです。

実際のところは、光太郎の願望がつくりだした奇跡かもしれませんが、それを誘発したのがレモンの香りだった。そこに何とも言えない切なさと、鮮烈な感動を覚えます。

旅と俳句の情趣に浸る

『おくのほそ道《みち》』　松尾芭蕉《まつおばしょう》

〈序章《じょしょう》〉

月日《つきひ》は百代《はくたい》の過客《かかく》にして、行《ゆき》かふ年《こうとし》も又旅人《またたびびと》也《なり》。舟《ふね》の上《うえ》に生涯《しょうがい》をうかべ馬《うま》の口《くち》とらえて老《おい》をむかふる物《うもの》は、日々《ひび》旅《たび》にして、旅《たび》を栖《すみか》とす。古人《こじん》も多《おお》く旅《たび》に死《し》せるあり。予《よ》もいづ《ず》れの年《とし》よりか、片雲《へんうん》の風《かぜ》にさそはれ《わ》て、漂泊《ひょうはく》の思《おも》ひ《い》やまず、海浜《かいひん》にさすらへ《え》、去年《こぞ》の秋江上《あきこうしょう》の破屋《はおく》に蜘《くも》の古巣《ふるす》をはらひ《い》て、やゝ《や》年《とし》も暮《くれ》、春立《はるたて》る霞《かすみ》の空《そら》に、白川《しらかわ》の関《せき》こえんと、そゞ《ぞ》ろ神《がみ》の物《もの》につきて心《こころ》をくるは《わ》せ、道祖神《どうそじん》のまねきにあひ《い》て取《とる》もの手《て》につかず、もゝ《も》引《ひき》の破《やぶれ》をつゞ《づ》り、笠《かさ》の緒《お》付《つけ》かえて、三里《さんり》に灸《きゅう》すゆ《う》るより、松島《まつしま》の月《つき》先《まず》心《こころ》にかゝ《か》りて、住《すめ》る方《かた》は人《ひと》に譲《ゆず》り、杉風《さんぷう》が別墅《べっしょ》に移《うつ》るに、

草《くさ》の戸《と》も住替《すみかわ》る代《よ》ぞひなの家《いえ》

面《おもて》八句《はちく》を庵《いおり》の柱《はしら》に懸置《かけおく》。

〈旅立《たびだち》〉

弥生《やよい》も末《すえ》の七日《なぬか》、明《あけ》ぼのゝ空朧々《そらろうろう》として、月《つき》は在明《ありあけ》にて光《ひかり》おさまれる物《もの》から、不二《ふじ》の峰幽《みねかすか》にみえて、上野《うえの》・谷中《やなか》の花《はな》の梢《こずえ》、又《また》いつかはと心《こころ》ぼそし。むつましきかぎりは宵《よい》よりつどひて、舟《ふね》に乗《のり》て送《おく》る。千《せん》じゅと云所《いうところ》にて船《ふね》をあがれば、前途三千里《せんどさんぜんり》のおもひ胸《いむね》にふさがりて、幻《まぼろし》のちまたに離《り》別《べつ》の泪《なみだ》をそゝ《そ》ぐ。

行春《ゆくはる》や鳥啼魚《とりなきうお》の目《め》は泪《なみだ》

是《これ》を矢立《やたて》の初《はじめ》として、行道《ゆくみち》なをすゝ《す》まず。人々《ひとびと》は途中《みちなか》に

立《たち》ならびて、後《うしろ》かげのみゆる迄《まで》はと、見送《みおくる》なるべし。

要約

月日は永遠の旅人で、行き交う年もまた旅人である。去年の秋に深川の住まい、芭蕉庵に帰ったばかりだが、年が暮れ春になるともう、陸奥へ旅立ちたい思いが募ってきた。松島の月が見たいと、とるものもとりあえず、住まいは人に譲って、深川六間堀にある杉風《さんぷう》の採荼庵《さいだあん》に移り、

　草の戸も住替る代ぞひなの家

という句を発句にして表八句を巻き、それをしたためた懐紙を別れの印に芭蕉庵の柱にかけた。

旅立ちの日は三月二十七日（陽暦では五月十六日）。見送りに来てくれた親しい人たちと別れを惜しんだ。

　行春や鳥啼魚の目は泪

この句を旅の歌の詠み始めとする。みんなが途中に立ち並んで、自分たち（芭蕉と曾良《そら》）の後ろ姿が見えるまではと見送ってくれた。

〈平泉《ひらいずみ》〉

三代《さんだい》の栄耀《え(えい)よう》一睡《いっすい》の中《うち》にして、大門《だいもん》の跡《あと》は一里《いちり》こなたに有《あり》。秀衡《ひでひら》が跡《あと》は田野《でんや》に成《なり》て、金鶏山《きんけいざん》のみ形《かたち》を残《のこ》す。先高館《まずたかだち》にのぼれば、北上川南部《きたかみがわなんぶ》より流《なが》るゝ大河《たいが》也《なり》。衣川《ころもがわ》は和泉《いずみ》が城《じょう》をめぐりて、高館《たかだち》の下《した》にて大河《たいが》に落入《おちいる》。泰衡《やすひら》等《ら》が旧跡《きゅうせき》は、衣《ころも》が関《せき》を隔《へだて》て、南部口《なんぶぐち》をさし堅《かた》め、夷《えぞ》をふせぐとみえたり。偖《さて》も義臣《ぎしん》すぐつ《っ》て此城《このしろ》にこもり、功名一時《こうみょういちじ》の叢《くさむら》となる。「国破《くにやぶ》れて山河《さんが》あり、城春《しろはる》にして草青《くさあお》みたり」と、笠打敷《かさうちしき》て、時《とき》のうつるまで泪《なみだ》を落《おと》し侍《はべ》りぬ。

夏草《なつくさ》や兵《つわもの》どもが夢《ゆめ》の跡《あと》

卯《う》の花《はな》に兼房《かねふさ》みゆる白毛《しらが》かな　曾良《そら》

兼《かね》て耳驚《みみおどろか》したる二堂開帳《にどうかいちょう》す。経堂《きょうどう》は三将《さんしょう》の像《ぞう》をのこし、光堂《ひかりどう》は三代《さんだい》の棺《ひつぎ》を納《おさ》め、三尊《さんぞん》の仏《ほとけ》を安置《あんち》す。七宝散《しちほうちり》うせて、珠《たま》の扉風《とぼそかぜ》にやぶれ、金《こがね》の柱霜雪《はしらそうせつ》に朽《くち》て、既頽廃空虚《すでにたいはいくうきょ》の叢《くさむら》と成《なる》べきを、四面新《しめんあらた》に囲《かこみ》て、甍《いらか》を覆《おおい》て風雨《ふうう》を凌《しのぐ》。暫時千歳《しばらくせんざい》の記念《かたみ》とはなれり。

五月雨《さみだれ》の降《ふり》のこしてや光堂《ひかりどう》

要約

　奥州藤原三代の栄華ははかない。いまや秀衡《ひでひら》の館の跡さえ田畑となり、金鶏山《きんけいざん》が昔の姿をとどめるのみである。草むらと化した旧跡を見ていると、涙を禁じ得ない。高館跡に茂る夏草を見て、義経主従と藤原三代を忍んで一句。

　夏草や兵どもが夢の跡

曾良は高館跡の卯の花に、燃え盛る炎に飛び込んで討死した兼房の白髪も面影を重ねて一句。

　卯の花に兼房みゆる白毛かな

中尊寺の、三将（清衡《きよひら》、基衡《もとひら》、秀衡）の像を残す経堂と、三代の棺を納めた光堂を訪れた。光堂はとうに廃墟となる運命にあったが、鞘堂《さやどう》で覆われ、かつての輝きを留めていた。降りしきる五月雨《さみだれ》も、この光堂だけは濡らさない。その姿に一句。

　五月雨の降のこしてや光堂

〈酒田《さかた》〉

羽黒《はぐろ》を立《たち》て、鶴《つる》が岡《おか》の城下《じょうか》、長山氏重行《ながやまうじじゅうこう》と云物《いうもの》のふの家《いえ》にむかへ《え》られて、誹諧一巻有《はいかいひとまきあり》。左吉《さきち》も共《とも》に送《おく》りぬ。川舟《かわぶね》に乗《のり》て、酒田《さかた》の湊《みなと》に下《くだ》る。淵庵不玉《えんあんふぎょく》と云医師《いうくすし》の許《もと》を宿《やど》とす。

あつみ山《やま》や吹浦《ふくうら》かけて夕《ゆう》すゞ《ず》み

暑《あつ》き日《ひ》を海《うみ》にいれたり最上川《もがみがわ》

要約

出羽三山の参拝を終えて鶴岡城下に入り、長山重行という武士の客となった。そこから川舟で酒田に下り、医者の淵庵不玉《えんあんふぎょく》(伊東玄順)のもとに泊まった。

ここ酒田からは、海の向こう南に温海山《あつみやま》、北に吹浦が眺められる。その雄大な景色を眺めつつ夕涼みして一句。
あつみ山や吹浦かけて夕すゞみ
また、海に流れ入る最上川を見ていると、何とも涼しい感じがして一句。
暑き日を海にいれたり最上川

〈大垣《おおがき》〉

露通《ろつう》も此《この》みなとまで出《いで》むかひて、みのゝ国《のくに》へと伴《ともなう》ふ。駒《こま》にたすけられて大垣《おおがき》の庄《しょう》に入《いれ》ば、曾良《そら》も伊勢《いせ》より来《きた》り合《あい》、越人《えつじん》も馬《うま》をとばせて、如行《じょこう》が家《いえ》に入集《いりあつま》る。前川子《ぜんせんし》、荊口父《けいこうふ》子《し》、其外《そのほか》したしき人々《ひとびと》日夜《にちや》とぶらひて、蘇生《そせい》のものにあふ

がごとく、且悦《かつよろこ》び、且《かつ》いたはる《わ》。旅《たび》の物《もの》うさもいまだやまざるに、長月六日《ながつきむいか》になれば、伊勢《いせ》の遷宮《せんぐう》おがまんと、又舟《またふね》にのりて、

蛤《はまぐり》のふたみにわかれ行秋《ゆくあき》ぞ

要約

門弟の露通《ろつう》も敦賀《つるが》まで迎えに来てくれた。大垣に入ると、山中温泉で先に旅立った曾良が伊勢から戻ってきた。越人《えつじん》も名古屋から駆けつけ、みなが大垣藩士の如行《じょこう》の家に集まった。まるで生き返った人に会ったかのように喜び合った。

九月六日（陽暦の十月十八日）になって、伊勢の遷宮を拝もうと、曾良や露通らとともにまた舟に乗った。

芭蕉は大垣に集まった親しい人たちとの別れに臨んで、「蛤にとって蓋

と身に分かれるのが大変な痛みであるように、自分もここでみんなと別れるのはつらい」という気持ちを込めて一句。

蛤のふたみにわかれ行秋ぞ

味わうポイント

松尾芭蕉は行く先々で俳句をつくりながら、言葉とともに旅をしました。日本全国あちこちに句碑がありますし、芭蕉の句を一つの〝ウリ〟にしている観光地やお店屋さんも数多く見られます。

私の地元の静岡にも、とろろ汁で有名なお店に**「梅若菜丸子《うめわかなまりこ》の宿《しゅく》のとろろ汁《じる》」**という芭蕉の句碑があって、いまもとても繁盛しています。そういうものが日本にどれだけあるかを思うと、芭蕉の旅は地域の価値を高めた旅でもあったと再認識します。

たとえば平泉に旅行して、「夏草や兵どもが夢の跡」「五月雨の降のこしてや光堂」などと声に出してみる。すると、見える風景が違ってくると思います。芭蕉の句が、その地に刻まれた歴史と人間の感情が溶け込んでいる風景を現出させるのです。旅の味わいがいっそう深まることでしょう。

また、芭蕉の紀行文を読むと、旅行く先々に俳諧の友が待っていて、わくわくしたり、しみじみ懐かしんだりする感じがよく伝わってきます。そこも大きな魅力の一つでしょう。声に出して読むと、心が高揚してきます。

旅と俳句は、ともに人生になぞらえられる点で、非常に相性のいいものです。芭蕉が西行の足跡をたどったように、みなさんも「芭蕉を追う」ことを後半生の旅のテーマの一つにするのもよいかと思います。

コラム・心に沁みる懐かしの唱歌

唱歌には「いつの間にか覚えていて、なぜかいくつになっても忘れない」ものが多いと思います。

そのなかでも日本人の心に深く沁み込んでいるものの一つが、高野辰之《たつゆき》の『故郷《ふるさと》』でしょう。詞を読めば、いまとなっては田舎にもないような情景かもしれませんが、何とも言えない郷愁がわいてきます。

ここではその『故郷』と、土井晩翠《つちいばんすい》の『荒城の月』、林古渓《こけい》の『浜辺の歌』を紹介します。いずれもしみじみした感情に浸れるところが、大きな魅力です。

日本は湿度の高い国です。文字通りの気象的な意味合いでの湿度が高いだけではなく、人間のあり方としてしっとりしている感じが好まれていると思うのです。山があり、水がある自然のなかに自我が溶け込んでいると言いますか、自分が自然の一部だという感情があって、そのなかで「しみじみしたい」気持ちが強いのではないでしょうか。

これら三つの唱歌には、日本の原風景があって、日本人同士が〝しみじみ感情〟を共有して心を通わせることのできる、どこかほっとするものがあります。そここそ、いまに歌い継がれている魅力があるのでしょう。

『故郷《ふるさと》』

作詞《さくし》・高野辰之《たかのたつゆき》（作曲《さっきょく》・岡野貞一《おかのていいち》）

一　兎《うさぎ》追《お》いしかの山《やま》、
小鮒《こぶな》釣《つ》りしかの川《かわ》、
夢《ゆめ》は今《いま》もめぐりて、
忘《わす》れがたき故郷《ふるさと》。

二　如何《いか》にいます父母《ちちはは》、
恙《つつが》なしや友《とも》がき、
雨《あめ》に風《かぜ》につけても、
思《おも》いいずる故郷《ふるさと》。

三　こころざしをはたして、
いつの日《ひ》にか帰《かえ》らん、
山《やま》はあおき故郷《ふるさと》。
水《みず》は清《きよ》き故郷《ふるさと》。

『荒城《こうじょう》の月《つき》』

作詞《さくし》・土井晩翠《つちいばんすい》（作曲《さっきょく》・滝廉太郎《たきれんたろう》）

一

春高楼《はるこうろう》の花《はな》の宴《えん》
めぐる盃《さかずき》かげさして
千代《ちよ》の松《まつ》が枝《え》わけいでし
むかしの光《ひかり》いまいずこ

二

秋陣営《あきじんえい》の霜《しも》の色《いろ》
鳴《な》きゆく雁《かり》の数《かず》見《み》せて
植《う》うるつるぎに照《て》りそいし
むかしの光《ひかり》いまいずこ

三

いま荒城《こうじょう》のよわの月《つき》
替《かわ》らぬ光《ひかり》たがためぞ
垣《かき》に残《のこ》るはただかづら
松《まつ》に歌《うた》うはただあらし

『浜辺《はまべ》の歌《うた》』

作詞《さくし》・林古渓《はやしこけい》（作曲《さっきょく》・成田為三《なりたためぞう》）

一
あした浜辺《はまべ》を　さまよえば、
昔《むかし》のことぞ　しのばるる。
風《かぜ》の音《おと》よ、雲《くも》のさまよ、
よする波《なみ》も　かいの色《いろ》も。

二
ゆうべ浜辺《はまべ》を　もとおれば、
昔《むかし》の人《ひと》ぞ、忍《しの》ばるる。
寄《よ》する波《なみ》よ、かえす波《なみ》よ。
月《つき》の色《いろ》も、星《ほし》のかげも。

5章
季節うつろう自然とともに暮らす

自然に安らぎを求める

『論語《ろんご》』（雍也第六《ようやだいろく》　二三《にじゅうさん》）　孔子《こうし》

子曰《しのたま》わく、知者《ちしゃ》は水《みず》を楽《たの》しみ、仁者《じんしゃ》は山《やま》を楽《たの》しむ。知者《ちしゃ》は動《うご》き、仁者《じんしゃ》は静《しず》かなり。知者《ちしゃ》は楽《たの》しみ、仁者《じんしゃ》は寿《いのちなが》し。

現代語訳

先生がいわれた。「〈知〉の人と〈仁〉の人とでは性質が異なる。知の人は心が活発なので流れゆく水を好み、仁の人は心が落ち着いているので不動の山を好む。知の人は動き、仁の人は静かである。したがって、知の人は快活に人生を楽しみ、仁の人は心安らかに長寿となる」

味わうポイント

知者と仁者は性質が異なるとしているのが、おもしろいところです。知者は頭が良くて、何事にも機敏に反応するイメージ。一方、仁者は人格的に優れていて、どっしりと落ち着いたイメージです。

自分が知者、仁者、どちらのタイプに近いか考えるのも楽しい。「水を楽しみ、山を楽しむ」というのは、年とともに胸に沁みてくるものではないかと思います。中高年になって、山登りが好きになるのも、山が精神に心地いいものをもたらしてくれるからでしょう。

そういう意味では、自分は「地・水・火・風」のどれが好きなのかを考えて楽しむのも、五十歳以降の人生の楽しみ方の一つになるでしょう。たとえば「自分は大地の恵みが好き」と畑仕事をしてみるのもいいし、「風が好き」と風に吹かれながらの散歩を楽しむのもいい。

セザンヌは、人生の後半、飽くことなく故郷の山（サント・ヴィクトワール山）を描き続け、絵画史を画する大傑作を残しました。自分の気質と合ったものは、相性がいいのです。人は生涯、自分の気質とつき合って生きてゆくのですから、気質と合ったものを大切にしたいものです。

『論語』のこの項をきっかけに、自分が何に触れていると心が落ち着くのかを見つめ直してみてはいかがでしょうか。

梅と蛍に託した激しい思い

東風《こち》吹《ふ》かばにほ《お》ひ《い》を《お》こせよ梅《うめ》の花《はな》
主《あるじ》なしとて春《はる》を忘《わす》るな

菅原道真《すがわらのみちざね》

物《もの》おもへ《え》ばさわのほたるもわが身《み》より
あくがれいづ《ず》る魂《たま》かとぞ見《み》る

和泉式部《いずみしきぶ》

味わうポイント

内にこもる熱く激しい情念を何かに託して、遠くへ飛ばす。それは、日本人にしては激しい感情表現かもしれません。

一つ目は、異例の出世をしたがゆえに妬まれ、藤原時平の讒言《ざんげん》によって太宰府へ左遷された菅原道真が、都を去るときに詠んだ歌です。今回はこの歌の初出とされる『拾遺和歌集』より採録しましたが、のちの『宝物集』『十訓抄』『古今著聞集』『太平記』などでは「東風吹かば……春なわすれそ」となっています。

左遷された無念、怨念を梅に託すように、「自分がいなくなっても、春がめぐってきたら花を咲かせ、香りを東風にのせて送っておくれ」と言っています。

そんな道真の気持ちに呼応して、都の梅が一夜にして太宰府に飛んできた、というのが有名な「飛梅《とびうめ》伝説」です。

その菅原道真は太宰府天満宮をはじめ北野天満宮、湯島天神、亀戸天神、防府天満宮など、日本のあちらこちらにある天神様に神として祀られています。なぜ、神様にまでなったのか。学問に優れていたからというだけでなく、むしろ、道真が亡くなったころから都では天変地異が続き、これは道真の怨念による祟りだと恐れられたためだと言われています。

歌の深奥にある道真の鬼気迫る怨念を感じながら、読んでみてください。

また二つ目の和泉式部の歌は、夫の愛情が冷めたことを思い悩み、貴船《きぶね》神社に百夜お参りをしていたときのものです。

ある夜、貴船の御手洗川《みたらしがわ》に飛ぶ蛍を見た和泉式部は、自分の魂が光を発して浮遊しているように思えたのです。蛍が思いを届けてくれたのか、和泉式部はやがて夫の心を取り戻すことができたといいます。

それにしても、自分の身から魂が飛び出して蛍になった、というのはすさまじいばかりの情念です。年とともに情念を燃やすことが減ってきがちですので、こういう歌で喝入れをするのもよいかと思います。

この二つの歌から生まれた曲があります。菅原道真とさだまさしさんの『飛梅』、和泉式部と阿久悠さんが作詞した『北の螢』をセットで味わうのもおもしろいでしょう。

『飛梅《とびうめ》』（一部抜粋）

作詞《さくし》作曲《さっきょく》・さだまさし

あなたがもしも遠《とお》くへ行《い》ってしまったら
私《わたし》も一夜《ひとよ》で飛《と》んでゆくと云《い》った
忘《わす》れたのかい　飛梅《とびうめ》

或《あ》の日《ひ》と同《おな》じ様《よう》に今《いま》　鳩《はと》が舞《ま》う
東風《ひがしかぜ》吹《ふ》けば　東風《こち》吹《ふ》かば君《きみ》は

何処《どこ》かで想《おも》いおこしてくれるだろうか
太宰府《だざいふ》は春《はる》　いずれにしても春《はる》

『北《きた》の螢《ほたる》』（一番）

作詞《さくし》・阿久悠《あくゆう》（作曲《さっきょく》・三木《みき》たかし）

山《やま》が泣《な》く　風《かぜ》が泣《な》く
少《すこ》し遅《おく》れて　雪《ゆき》が泣《な》く
女《おんな》　いつ泣《な》く　灯影《ほかげ》が揺《ゆ》れて
白《しろ》い躰《からだ》がとける頃《ころ》

もしも　私《わたし》が死《し》んだなら
胸《むね》の乳房《ちぶさ》をつき破《やぶ》り
赤《あか》い螢《ほたる》が翔《と》ぶでしょう

ホーホー　螢《ほたる》　翔《と》んで行《ゆ》け
恋《こい》しい男《おとこ》の胸《むね》へ行《ゆ》け
ホーホー　螢《ほたる》　翔《と》んで行《ゆ》け
怨《うら》みを忘《わす》れて　燃《も》えて行《ゆ》け

春の情景に思いを映す

『絶句《ぜっく》』　杜甫《とほ》

江碧《こうみどり》にして　鳥逾《とりいよ》いよ白《しろ》く
山青《やまあお》くして　花燃《はなも》えんと欲《ほっ》す
今春《こんしゅん》　看《み》すみす又過《またす》ぐ
何《いず》れの日《ひ》か　是《こ》れ帰年《きねん》ならん

現代語訳

錦江の水はみどり深く、その水に浮かぶ鳥はひときわ白い。山々は青葉繁り、その間に燃えるような紅の花が開く。今年の春もまた、みるみる間に過ぎてしまう。故郷に帰るのは、いつのことになるだろうか。

味わうポイント

河南省の代々官吏を務める家に生まれた盛唐の詩人、杜甫《とほ》は、幼いころから文才があり、七歳のころにもう詩作を始めたと伝えられています。ただ、大変な苦労人でした。

二十歳ごろから、さまざまな土地を遊歴。その間に李白らと親交を持ちました。また長安に出た三十五歳からの五年間は、官吏登用試験である科挙《かきょ》を何度か受けるも及第せず、困窮生活を送っていました。

四十四歳でようやく低い官位を得たものの、その朗報を家族に知らせようと赴いた奉先県《ほうせんけん》で安禄山《あんろくざん》の乱に遭遇してしまいます。そして、家族を避難させて後、自分は賊軍に捕えられ、長安に軟禁されてしまいました。

九か月後に何とか賊軍の手中から脱出した杜甫は、やがて念願かなって、官軍によって回復された長安で中央の廷臣として官吏生活を送ることができました。

けれども、そんな生活も長続きせず、妻子を連れて流浪の旅へ。成都《せいと》郊外に家を建てて落ち着いたときはもう、五十歳に届こうかという年齢になっていました。

『絶句』は、杜甫の一生のうちで最も平穏な日々が続いたなかで生まれた作品です。五年ほどでまた、家族とともに成都を離れることになり、貧困と病苦のなかで湖北省《こほく》から湖南省《こなん》へと流れていく。その途上、舟のなかで五十九歳の生涯を閉じたのでした。

そういった生涯を知ると、心に痛みを抱え、貧しさにあえぎ、各地を転々としながら生きた杜甫の故郷への思いというものがいっそう心に迫ってきます。

現代でも、故郷を離れて都会に暮らす人の多くは、いつも心のどこかで遠い故郷を思いながら暮らしているのではないでしょうか。盆暮れ、正月など、実家との行き来はしんどいけれど、心には複雑にして豊かな情感が醸成されるように思います。

この詩はリズムが良く、漢字を見ても、とてもいい感じです。春の燃え上がるような美しさと、時がどんどん過ぎてゆくなかで募る郷愁と、豊かな情感に感じ入ることができます。故郷を持たない人でも、しっとりとした気分を味わえるでしょう。

もう一つ、田園の春の景色が心に沁みる漢詩、高啓《こうけい》の『胡隠君《こいんくん》を尋《たず》ぬ』を、合わせて読んでみましょう。

『胡隠君《こいんくん》を尋《たず》ぬ』

高啓《こうけい》

水《みず》を渡《わた》り復《ま》た水《みず》を渡《わた》り
花《はな》を看還《みま》た花《はな》を看《み》る
春風江上《しゅんぷうこうじょう》の路《みち》
覚《おぼ》えず君《きみ》が家《いえ》に到《いた》る

味わうポイント

この詩は、私がNHKのテレビ番組で久しぶりに静岡の母校を訪ね、サプライズゲストとして招かれた高校時代の恩師の小倉勇三先生が、約三十年ぶりに授業をしてくださったときの教材です。懐かしい教室で生徒は私一人です。先生は中国語でこの詩を読まれ、ハイレベルな授業をしてくださいました。

実は私が『声に出して読みたい日本語』(草思社刊)を書いたのも、小倉先生の影響があってのこと。そういう意味でも、この詩には感慨深いものがあります。

「川を渡り、花を見ながら、春風吹く川沿いの路を歩くうちに、いつの間にか友人の家に来てしまった」というだけの詩ながら、春ののどかな景色に包まれて春を味わう高啓の心持ちが伝わってきて、改めて「なかなか良い詩だなぁ」と感じ入りました。「復《ま》た」、「還《ま》た」という言葉の使い方が効果的です。

胡隠君も高啓も世を離れて暮らす者同士で、二人の間にはゆったりとした温かな感情の交流があると感じられます。春という季節の味わいと、二人のほのぼのとした交情を重ねて音読してみてください。とても覚えやすいので、暗誦して川辺で口ずさんでみるのもいいでしょう。心に爽やかな春風が吹くような気分を味わえると思います。

「好き」を数え上げる

『枕草子《まくらのそうし》』

清少納言《せいしょうなごん》

〈一〉

春《はる》はあけぼの。やうやう《よ よ》しろくなり行《ゆ》く、山《やま》ぎは《わ》すこしあかりて、むらさきだちたる雲《くも》のほそくたなびきたる。

夏《なつ》はよる。月《つき》の頃《ころ》はさらなり、やみもなほ《お》、ほたるの多《おお》く飛《と》びちがひ《い》たる。また、ただひとつふたつなど、ほのかにうちひかりて行《ゆ》くもをかし。雨《あめ》など降《ふ》るもをかし。

秋《あき》は夕暮《ゆうぐれ》。夕日《ゆうひ》のさして山《やま》のはいとちかうなりたるに、からすのねどころへ行《ゆ》くとて、みつよつ、ふたつみつなどとびいそぐさへあはれなり。まいて雁《かり》などのつらねたるが、いとちひさくみゆるはいとをかし。日入《ひい》りはてて、風《かぜ》の音《おと》むしのねなど、はたいふべきにあらず。

冬《ふゆ》はつとめて。雪《ゆき》の降《ふ》りたるはいふべきにもあらず、霜《しも》のいとしろきも、またさらでもいと寒《さむ》きに、火《ひ》などいそぎおこして、炭《すみ》もてわたるもいとつきづきし。昼《ひる》になりて、ぬるくゆるびもていけば、火桶《ひおけ》の火《ひ》もしろき灰《はい》がちになりてわろし。

要約

春は曙。しだいに空が白み、稜線に紫の雲のたなびくのがよい。夏は夜。月夜がよいが、蛍が飛ぶ闇夜や雨の夜も風情がある。秋は夕暮れ。ねぐらに急ぐ鳥や雁の飛ぶ姿、日が落ちて風や虫の音が聞こえてくるのもよい。冬は早朝。雪の降る朝はもちろん、霜のおりた朝に急いで火をおこして、炭を持ち運ぶ姿もよい。昼になって寒さがゆるみ、火桶の炭が白い灰がちになるのはみっともない。

〈四三《よんじゅうさん》〉

蟲《むし》は　すずむし。ひぐらし。てふ《ちょう》。松蟲《まつむし》。きりぎりす。はたおり。われから。ひを《お》むし。蛍《ほたる》。

　みのむし、いとあはれ《わ》なり。鬼《おに》の生《う》みたりければ、親《おや》に似《に》てこれもおそろしき心《こころ》あらんとて、親《おや》のあやしききぬひき着《き》せて、「いま秋風《あきかぜ》吹《ふ》かむ《ん》を《お》りぞ来《こ》んとする。まてよ」といひ《い》おきて、にげていにけるも知《し》らず、風《かぜ》の音《おと》を聞《き》き知《し》りて、八月《はちがつ》ばかりになれば、「ちちよ、ちちよ」とはかなげに鳴《な》く、いみじう《じゅう》あはれ《わ》なり。

ぬかづき蟲《むし》、またあはれ《わ》なり。さる心地《ここち》に道心《どうしん》おこしてつきありくらんよ。思《おも》ひ《い》かけず、くらき所《ところ》などに、ほとめきありきたるこそをかし《お》けれ。

要約

ミノムシにはしみじみとする。粗末な着物を着せられた子は、親が「すぐに秋風が吹く。そのときにはきっと帰ってくるよ」と言い残して逃げてしまったとは知らず、秋になると「父よ、父よ」と心細げに鳴く。

ヌカヅキムシ（コメツキムシ）もけなげだ。小さな虫ながら仏道帰依《きえ》の心をもって、あちこちを拝み歩いているのだろう。思いがけない暗い場所で、ホトホト音をさせて歩き回っているのに出合うと、心惹かれる。

味わうポイント

『枕草子』の作者、清少納言はさまざまな事象の良さを見つけるのが本当に上手だと、読むたびに感心させられます。それも、シャッターチャンスを逃さないと言いますか、すべての感覚を研ぎ澄ませて、それぞれの味わいの「旬」を見つけ出す。まこと豊かな感性の持ち主です。

ここで冒頭のほかに「虫」の項をあげたのは、小さな生き物の生態を、人間の性格や行動になぞらえて表現しているおもしろさを味わってほしいからです。

近年、日本人の暮らしは自然から遠のくばかりですが、かつては自然とともに暮らすのが当たり前のことでした。そのなかで自然に対する豊かな感性を養ってきた、とも言えます。『枕草子』を読むと、日本人にもともと備わっているそういう感性が呼び覚まされるような気がします。

若いころはなかなか自然に目を向ける余裕もないかもしれないけれど、そこそこの年齢になれば現実のあわただしさから少しは解放されます。たとえば、月を愛《め》でながら、あるいは季節の移ろいを味わいながら、お酒を酌み交わすとか、ときには自然にしみじみするひとときを楽しむのもよいものでしょう。

それにしても、清少納言は「これはここがいい、ここがおもしろい、ここは興ざめだ」といったものがとめどなく出てくる感じで、ただただ驚かされます。自分の感性を表に出して、言い切っているところがまたさっぱりと潔い。いまの時代に作家として登場しても、間違いなくベストセラー作家になりそうです。

清少納言の感性は個人的なもののようでいて、意外と時代を越えて理解される、ある種普遍的な魅力があります。存分に味わいながら、清少納言のように自然との関わり合いのなかで自分の「好き」を数え上げることを楽しんでみてください。

自然のなかで人生を見つめる

『山家集《さんかしゅう》』

西行《さいぎょう》

たぐひ《い》なき花《はな》をし枝《えだ》にさかすれば
櫻《さくら》にならぶ木《き》ぞなかりける

ねがはく《わ》は花《はな》の下《した(もと)》にて春死《はるし》なん
そのきさらぎのもち月《づき》の頃《ころ》

春風《はるかぜ》の花《はな》をちらすと見《み》る夢《ゆめ》は
覚《さ》めても胸《むね》のさわぐなりけり

味わうポイント

西行は平安末期から鎌倉初期にかけて生きた僧侶であり歌人です。もともとは佐藤義清《のりきよ》という武人で、二十三歳のときに出家しました。一説では、白河院の愛妾にして鳥羽院の中宮であった待賢門院璋子《たいけんもんいんたまこ》に恋をし、その懊悩《おうのう》から出家したと伝えられています。ＮＨＫの大河ドラマ『平清盛』もこの説をとっていました。

出家した西行は、僧としての修行を積む一方で、諸国をめぐる漂泊の旅に出て、多くの和歌を残しました。それらの歌を読むと、僧らしくどこか達観していながら、折にふれて自然との関わりのなかで人生を見つめるという生き方が感じられます。そこが芭蕉をして「足跡をたどりたい」というあこがれを抱かせた、西行の大きな魅力と言えるでしょう。

西行には桜を詠んだ歌が二百三十首もあるそうです。ここに紹介した三首も桜の歌です。「花を枝に咲かせるなら、桜が一番だ」「かなうことなら、満開の桜の下で死にたい」「桜が散る様を夢に見ただけで胸騒ぎがする」、そんなふうに詠っています。日本人がことのほか桜を愛するのも、西行の功績によるところが大きいかもしれません。

参考までに、お能の演目になっている『西行桜』のあらすじを付しておきましょう。これは、世阿弥の傑作のひとつ。西行の歌に着想を得て、歌人と桜の精とのやりとりを通して、桜の濃艶な世界を描いています。

ここに桜好き、極まれり、という気分になれるでしょう。

〈能『西行桜』　あらすじ〉

京の西山の西行の庵に、桜の古木がある。その花を目当てに大勢の人が集まってくる。それをうっとうしく思った西行は、歌を詠んだ。

花見《はなみ》にとむれつつ人《ひと》のくるのみぞ
あたら桜《さくら》のとがにはありける

すると、西行の夢枕に、老翁の姿をした桜の精が現れて、歌の意味を問い質した。そして「桜は非情無心の草木だから、浮世の咎とは縁がない」と言った。しかし、桜の精は歌聖・西行と出会えたことを喜び、桜の花を讃えつつ舞った。空も白むころ、桜の精は西行に別れを告げて消えていった。同時に西行も夢から覚めたのだった。

小さな生き物と遊ぶ

『一茶《いっさ》俳句《はいく》集《しゅう》』

ゆうぜんとして山《やま》を見《み》る蛙《かわず》哉《かな》
大蛍《おおぼたる》ゆらり〱《ゆらり》と通《とお》りけり
一星《ひとつぼし》見《み》つけたや《よ》うにきじの鳴《なく》

小林《こばやし》一茶《いっさ》

蝸牛《かたつぶり》見《み》よ〳〵《みよ》おのが影《かげ》ぼふ《う》し

車坐《くるまざ》に居直《いなお》りて鳴《な》く蛙《かわず》哉《かな》

わんぱくや縛《しば》れながらよぶ蛍《ほたる》

むらの蚊《か》の大寄合《おおよりあい》や軒《のき》の月《つき》

夏《なつ》の虫恋《むしこい》する隙《ひま》はありにけり

やよ虱《しらみ》這《は》へ〳〵《はえはえ》春《はる》の行方《ゆくかた》へ

春風《はるかぜ》や侍《さむらい》二人《ふたり》犬《いぬ》の供《とも》

小坊主《こぼうず》や袂《たもと》の中《なか》の蟬《せみ》の声《こえ》

味わうポイント

小林一茶は約二万もの俳句を残しています。そのなかから、「小さいものとふれ合い、つき合う楽しさ」をおもしろく表現した俳句を選びました。

「ゆうぜんとして〜」「大蛍〜」「一星〜」「蝸牛〜」「車坐に〜」の五つの句は、生き物の様子が目に浮かぶようで、くすりと笑ってしまうおもしろさがあります。

「わんぱくや〜」の句は、何か悪さをしたワンパク坊主が、木に縛られているのに、「ホー、ホー、蛍こい」なんて、挫《くじ》けていないところが微笑《ほほえ》ましい。

「むらの蚊の〜」「夏の虫〜」「やよ虱〜」の三つの句はいずれも、小さな虫を題材に、擬人化して表現していて、頬がゆるむようなおもしろさがあります。

「春風や～」の句は、人間が犬を連れているのでなく、犬に連れられていると見る、そのふつうとは逆の視点におかしみを感じます。

「小坊主や～」の句も、なんともかわいらしい。

いまの日本人は好んで「かわいい」という言葉を使いますが、それも昔から小さくて弱くてかわいらしいものを好む「心」があったからでしょう。小さいものとつき合うと、何となく気持ちが落ち着くような気がします。そんな世界で、一茶の句とともに遊ぶのも楽しいものです。

コラム・情緒あふれる季節の唱歌

私たち日本人は幼いころから、四季折々の季節感を凝縮した唱歌に慣れ親しんできました。それも、春夏秋冬という大ざっぱな括《くく》りというよりは、その季節のなかでもある特定の短い期間の風物詩を歌う、という形で。

それは、日本人にしか味わえない季節の情趣です。一年中、歌ったり、聴いたりできる歌もいいけれど、季節限定の歌を持つことは大変な贅沢だと思います。

そういった季節の唱歌のなかから、四つの歌を選んでみました。

『花』は春の桜の季節の歌。滝廉太郎《たきれんたろう》の作曲として有名です。作詞者の武島羽衣《たけしまはごろも》は明治詩壇において島崎藤村、土井晩翠と並び称される大御所でした。

『夏は来《き》ぬ』は夏の初め、梅雨明けの田植えの時期を歌っています。作詞は佐佐木信綱、作曲は小山作之助。佐佐木信綱は『万葉集』の研究者として高名な人物です。

『紅葉《もみじ》』は木々の葉が色づく秋の夕ぐれどきの歌。作詞は高野辰之《たつゆき》、作曲は岡野貞一《ていいち》。この高野・岡野コンビは、ほかに『故郷』『春が来た』『朧月夜』など、多くの名曲を残しています。

『冬景色』は冬の初めの歌。一番が水辺の朝、二番が田園の冬、三番が里の夕方の情景を歌っています。作詞作曲は不明です。
これら四つの季節の唱歌を、子どものころを懐かしみながら、また改めて日本的な情緒を感じながら、しっとりと味わってください。

『花《はな》』

作詞《さくし》・武島羽衣《たけしまはごろも》（作曲《さっきょく》・滝廉太郎《たきれんたろう》）

春《はる》のうららの隅田川《すみだがわ》、
のぼりくだりの船人《ふなびと》が
櫂《かい》のしづ《ず》くも花《はな》と散《ち》る、
ながめを何《なに》にたとふ《う》べき。

見《み》ずやあけぼの露浴《つゆあ》びて、
われにもの言《い》ふ桜木《さくらぎ》を、
見《み》ずや夕《ゆう》ぐれ手《て》をのべて、
われさしまねく青柳《あおやぎ》を。

錦《にしき》おりなす長堤《ちょうてい》に
くるればのぼるおぼろ月《づき》。
げに一刻《いっこく》も千金《せんきん》の
ながめを何《なに》にたとふ《う》べき。

『夏《なつ》は来《き》ぬ』

作詞《さくし》・佐佐木信綱《ささきのぶつな》（作曲《さっきょく》・小山作之助《こやまさくのすけ》）

一　うの花《はな》のにおう垣根《かきね》に、時鳥《ほととぎす》
早《はや》もきなきて、忍音《しのびね》もらす　夏《なつ》は来《き》ぬ。

二　さみだれのそそぐ山田《やまだ》に、早乙女《さおとめ》が
裳裾《もすそ》ぬらして　玉苗《たまなえ》うううる　夏《なつ》は来《き》ぬ。

三　橘《たちばな》のかおるのきばの窓近《まどちか》く
蛍《ほたる》とびかい、おこたり諫《いさ》むる　夏《なつ》は来《き》ぬ。

四　楝《おうち》ちる川《かわ》べの宿《やど》の門遠《かどとお》く、
水鶏声《くいなこえ》して、夕月《ゆうづき》すずしき　夏《なつ》は来《き》ぬ。

五　さつきやみ、蛍《ほたる》とびかい、水鶏《くいな》なき、
卯《う》の花《はな》さきて、早苗《さなえ》うえわたす　夏《なつ》は来《き》ぬ。

『紅葉《もみじ》』

作詞《さくし》・高野辰之《たかのたつゆき》（作曲《さっきょく》・岡野貞一《おかのていいち》）

一

秋《あき》の夕日《ゆうひ》に照《て》る山紅葉《やまもみじ》、
濃《こ》いも薄《うす》いも数《かず》ある中《なか》に、
松《まつ》をいろどる楓《かえで》や蔦《つた》は、
山《やま》のふもとの裾模様《すそもよう》。

二

渓《たに》の流《ながれ》に散《ち》り浮《う》く紅葉《もみじ》、
波《なみ》にゆられて離《はな》れて寄《よ》って、
赤《あか》や黄色《きいろ》の色様々《いろさまざま》に、
水《みず》の上《うえ》にも織《お》る錦《にしき》。

『冬景色《ふゆげしき》』

一

さ霧《ぎり》消《き》ゆる湊江《みなとえ》の
舟《ふね》に白《しろ》し、朝《あさ》の霜《しも》。
ただ水鳥《みずとり》の声《こえ》はして
いまだ覚《さ》めず、岸《きし》の家《いえ》。

二

烏《からす》啼きて木《き》に高《たか》く、
人《ひと》は畑《はた》に麦《むぎ》を踏《ふ》む。
げに小春日《こはるび》ののどけしや。
かえり咲《ざき》の花《はな》も見《み》ゆ。

三

嵐《あらし》吹《ふ》きて雲《くも》は落《お》ち、
時雨《しぐれ》降《ふ》りて日《ひ》は暮《く》れぬ。
若《も》し燈火《ともしび》の漏《も》れ来《こ》ずば、
それと分《わ》かじ、野辺《のべ》の里《さと》。

6章 人とのつながりを大切にする

離れていても人はつながっている

『人間《にんげん》の土地《とち》』(冒頭《ぼうとう》)　サン＝テグジュペリ(訳《やく》・堀口大學《ほりぐちだいがく》)

ぼくら人間《にんげん》について、大地《だいち》が、万巻《まんがん》の書《しょ》より多《おお》くを教《おし》える。理由《りゆう》は、大地《だいち》が人間《にんげん》に抵抗《ていこう》するがためだ。人間《にんげん》というのは、障害物《しょうがいぶつ》に対《たい》して戦《たたか》う場合《ばあい》に、はじめて実力《じつりょく》を発揮《はっき》するものなのだ。もっとも障害物《しょうがいぶつ》を征服《せいふく》するには、人間《にんげん》に、道具《どうぐ》が必要《ひつよう》だ。人間《にんげん》には、鉋《かんな》が必要《ひつよう》だったり、鋤《すき》が必要《ひつよう》だったりする。農夫《のうふ》は、耕作《こうさく》しているあいだに、いつかすこしずつ自然《しぜん》の秘密《ひみつ》を探《さぐ》っている結果《けっか》になるのだが、こうして引《ひ》き出《だ》したものであればこそ、はじめてその真実《しんじつ》その本然《ほんぜん》が、世界共通《せかいきょうつう》のものたりうるわけだ。これと同《おな》じように、定期航空《ていきこうくう》の道具《どうぐ》、飛行機《ひこうき》が、人間《にんげん》を昔《むかし》からのあらゆる未解決問題《みかいけつもんだい》の解決《かいけつ》に参加《さんか》させる結果《けっか》になる。

ぼくは、アルゼンチンにおける自分《じぶん》の最初《さいしょ》の夜間飛行《やかんひこう》の晩《ばん》の景観《けいかん》を、いま目《ま》のあたりに見《み》る心地《ここち》がする。それは、星《ほし》かげのように、平野《へいや》のそこここに、ともしびばかりが輝《かがや》く暗夜《あんや》だった。

あのともしびの一《ひと》つ一《ひと》つは、見《み》わたすかぎり一面《いちめん》の闇《やみ》の大海原《おおうなばら》の中《なか》にも、なお人間《にんげん》の心《こころ》という奇蹟《きせき》が存在《そんざい》することを示《しめ》していた。あの一軒《いっけん》では、読書《どくしょ》したり、思索《しさく》したり、打明《うちあ》け話《ばなし》をしたり、この一軒《いっけん》では、空間《くうかん》の計測《けいそく》を試《こころ》みたり、アンドロメダの星雲《せいうん》に関《かん》する計算《けいさん》に没頭《ぼっとう》したりしているかもしれなかった。また、かしこの家《いえ》で、人《ひと》は愛《あい》しているかもしれなかった。それぞれの糧《かて》を求《もと》めて、それらのともしびは、山野《さんや》のあいだに、ぽつりぽつりと光《ひか》っていた。中《なか》には、詩人《しじん》の、教師《きょうし》の、大工《だいく》さんのともしびと思《おぼ》しい、いともつつましやかなのも認《みと》められた。しかしまた他方《たほう》、これらの生《い》きた星々《ほしぼし》のあいだにまじって、閉《と》ざされた窓々《まどまど》、消《き》えた星々《ほしぼし》、眠《ねむ》る人々《ひとびと》がなんとおびただしく存在《そんざい》することだろう……。

努《つと》めなければならないのは、自分《じぶん》を完成《かんせい》することだ。試《こころ》みなければならないのは、山野《さんや》のあいだに、ぽつりぽつりと光《ひか》っているあのともしびたちと、心《こころ》を通《つう》じあうことだ。

味わうポイント

東日本大震災と巨大津波による原発事故が起きた二〇一一年、この年を象徴する漢字に「絆」が選ばれました。未曾有《みぞう》の大災害を前に、みんなが「遠く離れていても、私たちはみんなつながっている」という思いを抱いたのでしょう。

サン＝テグジュペリの『人間の土地』の冒頭には、そういった感情が自然に湧き上がったことが描かれています。

郵便を運ぶ飛行士であった彼は、自分だけが大地から遠く離れた夜空を飛行していました。地上を見下ろすと、闇の大海原のなかに、家々の灯りがポツリポツリと灯っている。それぞれの灯りが彼の目には、生きた星々に映ったのです。

そして、彼は思いました。自分を完成しつつ、地上に生きる人たちの一人ひとりと心を通わせるよう努めなければならないと。

おそらく、空から地上を見ると、知り合いでも何でもない人たちでも、それぞれが健気に生きている同じ人間同士だと思えるのでしょう。

『人間の土地』のこの記述は、大震災を経験して「絆」の大切さに思い至った私たち日本人には、よけいに身に沁みます。静かに音読し、「遠く離れた土地に住んでいても、健気に生きる人間同士、心を通わせ合い、手を取り合って生きていこう」という思いを新たにしたいものです。

新しい友だちを求める

『草枕《くさまくら》』（冒頭《ぼうとう》）　夏目漱石《なつめそうせき》

山路《やまみち》を登《のぼ》りながら、こう考《かんが》えた。

智《ち》に働《はたら》けば角《かど》が立《た》つ。情《じょう》に棹《さお》させば流《なが》される。意地《いじ》を通《とお》せば窮屈《きゅうくつ》だ。兎角《とかく》に人《ひと》の世《よ》は住《す》みにくい。

住《す》みにくさが高《こう》じると、安《やす》い所《ところ》へ引《ひ》き越《こ》したくなる。どこへ越《こ》しても住《す》みにくいと悟《さと》った時《とき》、詩《し》が生《うま》れて、画《え》が出《で》来《き》る。

人《ひと》の世《よ》を作《つく》ったものは神《かみ》でもなければ鬼《おに》でもない。矢張《やは》り向《むこ》う三軒両隣《さんげんりょうどな》りにちらちらする唯《ただ》の人《ひと》である。唯《ただ》の人《ひと》が作《つく》った人《ひと》の世《よ》が住《す》みにくいからとて、越《こ》す国《くに》はあるまい。あれば人《ひと》でなしの国《くに》へ行《ゆ》くばかりだ。人《ひと》でなしの国《くに》は人《ひと》の世《よ》よりも猶《なお》住《す》みにくかろう。

越《こ》す事《こと》のならぬ世《よ》が住《す》みにくければ、住《す》みにくい所《ところ》をどれほどか、寛容《くつろげ》て、束《つか》の間《ま》の命《いのち》を、束《つか》の間《ま》でも住《す》みよくせねばならぬ。（中略）

世《よ》に住《す》むこと二十年《にじゅうねん》にして、住《す》むに甲斐《かい》ある世《よ》と知《し》った。二十五年《にじゅうごねん》にして明暗《めいあん》は表裏《ひょうり》の如《ごと》く、日《ひ》のあたる所《ところ》には屹度影《きっとかげ》がさすと悟《さと》った。三十《さんじゅう》の今日《こんにち》はこう思《おも》うている。——喜《よろこ》びの深《ふか》きとき憂《うれい》愈《いよいよ》深《ふか》く、楽《たの》しみの大《おお》いなる程苦《ほどくる》しみも大《おお》きい。これを切《き》り放《はな》そうとすると身《み》が持《も》てぬ。片付《かたづ》けようとすれば世《よ》が立《た》たぬ。金《かね》は大事《だいじ》だ、大事《だいじ》なものが殖《ふ》えれば寝《ね》る間《ま》も心配《しんぱい》だろう。恋《こい》はうれしい、嬉《うれ》しい恋《こい》が積《つ》もれば、恋《こい》をせぬ昔《むかし》がかえって恋《こい》しかろ。閣僚《かくりょう》の肩《かた》は数百《すうひゃく》万人《まんにん》の足《あし》を支《ささ》えている。脊中《せなか》には重《おも》い天下《てんか》がおぶさっている。うまい物《もの》も食《く》わねば惜《お》しい。少《すこ》し食《く》えば飽《あ》き足《た》らぬ。存分食《ぞんぶんく》えばあとが不愉快《ふゆかい》だ。……

味わうポイント

夏目漱石の『草枕』は、読んだことのない方でも冒頭の「智に働けば」以降の四つのフレーズには馴染みがあるでしょう。

「いろいろ住みにくい世の中だけれど、そのなかでやっていくしかない」というところで、大方の人は「ふむふむ、そうだよね」と感じ入るところがあると思います。そういう意味でも、この四フレーズだけでも暗誦して、何かうまくいかない、おもしろくないことがあったときなどにつぶやいてみると、妙に気持ちが落ち着くのではないかと思います。

世の中というのはバランスで成り立っていますから、自分の願望や価値観、考え方などのどこかの部分だけ強く出てしまうと、とくに人間関係のバランスが崩れてしまいます。そうして周囲とかみ合わないことが生じたとき、欧米の人たちと違って日本人は、「価値観や考え方の異なる人とぶつかり合って、自分の思うところを主張しながらバランスを取る」という方法を好みません。言い換えれば、「衝突のなかから平衡を見つける」ことが苦手です。

どちらかと言うと、人とぶつかる前にうまくすり抜けて、世の中と折り合いをつけるやり方を好むのです。言ってみればそれは老子の言う「水のごとく」。水というのは、どんなに凸凹のあるところでも、幅の狭いところ・広いところ、落差のあるところ・ないところでも、上手にすり抜けながら流れていきますよね？　そういうやり方です。

漱石が言うように、「人の世が住みにくいからといって、人でなしの国に越すわけにはいかない」ので、うまくやっていくしかない。そう思えば、何事も「明暗は表裏の如く」であるところに、人生の妙があるとわかります。

こういう考え方は、実は福沢諭吉の『学問のすゝ《す》め』の最後の部分に通じるものがあります。福沢はそこで「人にして人を毛嫌いするなかれ」と言っているのです。セットで読むとおもしろいので、紹介しておきましょう。

『学問《がくもん》のすゝ《す》め』（第十七編《だいじゅうしちへん》）

福沢諭吉《ふくざわゆきち》

人《ひと》に交《まじわ》はらんとするには、ただに旧友《きゅうゆう》を忘《わす》れざるのみならず、兼《か》ねてまた新友《しんゆう》を求《もと》めざるべからず。人類相接《じんるいあいせっ》せざれば、互《たが》ひにその意《い》を尽《つ》くすことあたはず。意《い》を尽《つ》くすことあたはざれば、その人物《じんぶつ》を知《し》るに由《よし》なし。試《こころ》みに思《おも》へ、世間《せけん》の士君子《しくんし》、一旦《いったん》の偶然《ぐうぜん》に人《ひと》に遭《あ》うて、生涯《しょうがい》の親友《しんゆう》たる者《もの》あるにあらずや。十人《じゅうにん》に遭《あ》うて一人《ひとり》の偶然《ぐうぜん》に当《あ》たらば、二十人《にじゅうにん》に接《せっ》して二人《ふたり》の偶然《ぐうぜん》を得《う》べし。人《ひと》を知《し》り人《ひと》に知《し》らるるの始源《しげん》は、多《おお》くこの辺《へん》にあつ《っ》て存《そん》するものなり。人望《じんぼう》栄名《えいめい》なぞの話《はなし》はしばらく擱《お》き、今日世間《こんにちせけん》に知己朋友《ちきほうゆう》の多《おお》きは、差《さ》し向《む》きの便利《べんり》にあらずや。先年宮《せんねんみや》の渡《わた》しに同船《どうせん》したる人《ひと》を、今日銀座《きょうぎんざ》の往来《おうらい》に見掛《みか》けて、双方図《そうほうはか》らず便利《べんり》を得《う》ることあり。今年出入《ことしでい》りの八百屋《やおや》が、来年奥州街道《らいねんおうしゅうかいどう》の旅籠屋《はたごや》にて、腹痛《ふくつう》の介抱《かいほう》してくれることもあらん。人類多《じんるいおお》しといへ《え》ども、鬼《おに》にもあらず、蛇《じゃ》にもあらず、ことさらに我《われ》を害《がい》せんとする悪敵《あくてき》はなきものなり。恐《おそ》れ憚《はばか》るところなく、心事《しんじ》を丸出《まるだ》しにして、颯々《さっさ》と応接《おうせつ》すべし。ゆゑ《え》に交《まじわ》はりを広《ひろ》くするの要《かなめ》は、この心事《しんじ》をなるたけたくさんにして、多芸多能《たげいたのう》、一色《いっしょく》に偏《へん》せず、さまざまの方向《ほうこう》に由《よ》りて人《ひと》に接《せっ》するにあり。あるいは学問《がくもん》をもつ《っ》て接《せっ》し、あるいは商売《しょうばい》に由《よ》りて交《まじわ》はり《わ》、あるいは書画《しょが》の友《とも》あり、あるいは碁《ご》・将棋《しょうぎ》の相手《あいて》あり、およそ遊冶放蕩《ゆうやほうとう》の悪事《あくじ》にあらざるより以上《いじょう》のことなれば、友《とも》を会《かい》するの方便《ほうべん》たらざるものなし。あるいは極《きわ》めて芸能《げいのう》なき者《もの》ならば、ともに会食《かいしょく》するもよし、茶《ちゃ》を飲《の》むもよし。なほ下《お》り《くだ》て筋骨《きんこつ》の丈夫《じょうぶ》なる者《もの》は、腕押《うでお》し・枕《まくら》引《ひ》き・足角力《あしずもう》も、席《せき》の興《きょう》として交際《こうさい》の一助《いちじょ》たるべし。腕押《うでお》

し と学問《がくもん》とは、道同《みちおな》じからずして、相与《あいとも》に謀《はか》るべからざるやう《よ》なれども、世界《せかい》の土地《とち》は広《ひろ》く、人間《にんげん》の交際《こうさい》は繁多《はんた》にして、三《さん》、五尾《ごび》の鮒《ふな》が井中《せいちゅう》に日月《じつげつ》を消《しょう》するとは少《すこ》しく趣《おもむき》を異《こと》にするものなり。人《ひと》にして人《ひと》を毛嫌《けぎら》ひするなかれ。

要約

人と交際しようと思うなら、旧友とのつき合いを忘れないだけではなく、さらに新しい友人を求めなくてはならない。考えてみてほしい。偶然出会った人物が、生涯の親友になることもある。その偶然が十人に一人あるならば、二十人と会えば二人の親友が得られる。人望や栄誉の話はさておき、今日、世間に知り合いや友人が多いのは便利なことである。

去年、東海道の宮（名古屋市熱田）から三重県・桑名に渡る船でいっしょになった人を、今日銀座の通りで見かけて互いに都合のよいこともあれば、今年出入りしていた八百屋が来年、東北の旅館で腹痛の介抱をしてくれるかもしれない。

いろんな人がいるといっても、鬼でも蛇でもない。害になる悪い人など、そういるものではない。恐れず、遠慮せず、自分の心をさらけ出してつき合うとよい。

交際の範囲を広げるコツは、いろんなことに関心をもって、多方面で人と接することにある。学問や商売を通じてのつき合いでも、書画の友、囲碁・将棋の相手でも、何だってよい。そういうことが苦手ならば、ただいっしょに食事したり、お茶を飲んだりするだけでもいいし、体が丈夫な人は腕相撲・枕引き・脚相撲も座興として、交際の間口を広げてくれるだろう。人間のくせに、人間を毛嫌いするのはよろしくない。

味わうポイント

福沢諭吉は社交を重視していました。「ソサイエティ」という英語を「人間交際」と訳して、日本にその概念を持ち込んだのも福沢です。それが「社交好き」という慶應の伝統にもつながっていったように思います。

おもしろいのは、「何歳になっても、新しい友だちをつくりなさい」としているところです。

世間一般、ある程度の年齢になると、学生時代の友人と旧交をあたためる機会が増えて、一方で新しい人間関係をつくることが億劫になっていきがちです。定年で仕事を辞めると、人づき合い自体が激減してしまう部分もあります。寂しいけれど、人づき合いを煩わしく思う傾向もあるでしょう。

けれども、人間というのは社会的な存在ですから、人づき合いが減ると心が不安定になります。そうならないためには、五十歳くらいから仕事以外のつき合いを少しずつ広げていく、あるいは友だちのハードルをあんまり高くせずに気楽につき合える人を増やしていくことが大切でしょう。

福沢が言っているように、好奇心のままに趣味的なことをいろいろ楽しみ、そのなかで軽い気持ちで交際を広く求めるとよいと思います。

初対面の人とでも、好きなことがちょっとでも重なると、距離感がぐっと縮まるものです。いろんなきっかけを活用して、たとえば「この人とはゴルフ友だち、この人は酒飲み友だち、この人とはカラオケ友だち、この人とは絵画友だち」といった具合に、気楽に友だちの輪を広げていきましょう。人を毛嫌いして交際範囲を狭めるよりは、ずっと楽しく日々が過ごせます。

何より、新しい友だちができると、人生が若返っていく感じがします。人づき合いを億劫に感じたら、福沢のこの文章を読むと、いい刺激になると思います。

ここにあげた夏目漱石と福沢諭吉をセットで読んで、「とかく住みにくい人の世」と上手に折り合いをつけながら、人づき合いを楽しむヒントとすることをお勧めします。

年齢に応じた人づき合いを

『論語《ろんご》』（公冶長第五《こうやちょうだいご》　二六《にじゅうろく》）　孔子《こうし》

老者《ろうしゃ》はこれを安《やす》んじ、
朋友《ほうゆう》はこれを信《しん》じ、
少者《しょうしゃ》はこれを懐《なつ》けん。

現代語訳

老人には安心されるよう、友人には信頼されるよう、若い人には慕われるようでありたい。

味わうポイント

ここは、孔子が弟子の子路《しろ》から「先生のお志をお聞かせください」と問われて答えている部分です。

この前段で、子路ともう一人の弟子の顔淵が、孔子から志を問われています。二人の答えがそれぞれ、「人に対して、こうありたい」というものだったことを受けて、孔子は新たな視点を提供しています。相手に応じて自己像を変えて答えているのです。

秀逸なのは、相手を三つのタイプに分けている点。二者択一では足りないし、四つも五つもあると頭にスッと入ってきません。「三」というのは、記憶の黄金数なのです。

それはさておき、嚙み砕いて言えば孔子は「相手の年齢に応じたつき合い方を心がけなさい」と言っています。これを五十代、六十代のみなさんに当てはめて言えば、自分より年齢がもっと上の方にはかわいがられるように、同年代の友人たちからは信頼されるように、世代の異なる若い人たちには「あの人のようになりたいな」などと慕われるようにつき合っていきましょう、ということです。同年代の人とつき合うのは気楽でよいものですが、上の世代の人、下の世代の人にも広く交際を求めていくことが大切でしょう。このあたりは前項の福沢の主張にも通じるものだと思います。

人間関係に「風林火山」を生かす

『孫子《そんし》』（軍争篇《ぐんそうへん》　三十二《さんじゅうに》）　孫武《そんぶ》

故《ゆえ》に兵《へい》は詐《さ》を以《もっ》て立《た》ち、利《り》を以《もっ》て動《うご》き、分合《ぶんごう》を以《もっ》て変《へん》を為《な》す者《もの》なり。故《ゆえ》に其《そ》の疾《はや》きこと風《かぜ》の如《ごと》く、其《そ》の徐《しずか》なること林《はやし》の如《ごと》く、侵掠《しんりゃく》すること火《ひ》の如《ごと》く、動《うご》かざること山《やま》の如《ごと》く、知《し》り難《がた》きこと陰《かげ》の如《ごと》く、動《うご》くこと雷《いかずち》の震《ふる》うが如《ごと》くして、嚮《むか》うところを指《しめ》すに衆《しゅう》を分《わ》かち、地《ち》を廓《ひろ》むるに利《り》を分《わ》かち、権《けん》を懸《か》けて而《もっ》て動《うご》く。迂直《うちょく》の道《みち》を先知《せんち》する者《もの》は、此《こ》れ軍争《ぐんそう》の法《ほう》なり。

現代語訳

戦争は敵の裏をかくことを中心とし、利に従って行動し、分散・集合で変化の形をとっていくものである。よって、風のように速く進み、林のように静かに待ち、火が燃え広がるように侵略し、暗闇のようにわからないようにし、山のようにどっしりと構え、雷が鳴り響くように動き、村里を侵略するときは兵士に手分けさせ、土地を奪うときは要所を分けて守らせ、万事よく計ったうえで行動する。迂直の計――遠回りになる道を近道に転ずる謀を知る者が勝つ。それが軍争の原則である。

味わうポイント

『孫子』のこのくだりは、戦国武将、武田信玄が軍旗に記した「風林火山」で有名です。孫武は中国・春秋時代の末期、紀元前五世紀くらいに活躍した兵法家ですから、信玄から見ても二千年も前の相当古い人になります。

そういう古い兵法書が日本の戦国時代にも、戦い方の一つの指針として生きていたというのはおもしろいところです。おそらく、風のように動くとか、山のようにどっしりと、といった表現が日本人の感覚にフィットしたのでしょう。

ここで孫武が言いたかったのは、一言で言えば「タイミングをはかりながら、臨機応変に行動しろ」ということです。

闇雲に動き回っても消耗が激しくなるだけだし、まったく動かないと戦いが長引きます。敵近くまで速やかに進み、状況を見て「いまだ！」という〝動きどころ〟をとらえて、一気呵成《いっきかせい》に攻める。それが「勝利の方程式」のわけです。

こんなふうに〝動きどころ〟がわかるというのは、経験知があるからこそです。若いうちは経験がない分、「とにかく動いておけ」という感じでいいのですが、年を重ね、経験を積むうちに、動かないほうがいいとき、動くべきときがわかってくるようになります。

つまり、年長者のほうが「風林火山」ができる、ということです。

この「風林火山」を一つのワザと考えると、人間関係に生かすことが可能です。たとえば、数人で話をしているとします。みんなが気持ちよく会話をするためには、いつ誰が何をしゃべって、話をどういう方向に進めていくか、自分の存在感をどのタイミングで示すかなど、ある程度は戦略を練る必要があります。

そんなときに〝会話における風林火山〟を心得ていると、「いまはあの人が気持ちよさそうにしゃべっているから、黙って聞いてあげよう」とか、「この話題なら、自分の出番だ。大いに主張しよう」といった具合に、うまく立ち回ることができます。

五十歳ともなれば、このくらいのワザは身につけていたいものです。『孫子』のここを読みながら、家庭も含めた「人間関係における風林火山」について、考えてみてはいかがでしょうか。

〝人間さばき〟の達人になる

『荘子《そうじ》』（内篇《ないへん》　養生主篇《ようせいしゅへん》第三《だいさん》　二《に》）　荘子《そうじ》

庖丁《ほうてい》、文恵君《ぶんけいくん》の為《た》めに牛《うし》を解《と》く。手《て》の触《ふ》るる所《ところ》、肩《かた》の倚《よ》る所《ところ》、足《あし》の履《ふ》む所《ところ》、膝《ひざ》の踦《た》つる所《ところ》、砉然《かくぜん》たり嚮然《きょうぜん》たり、刀《とう》を奏《すす》むること騞然《かくぜん》たり、音《おと》に中《あ》たらざる莫《な》く、桑林《そうりん》の舞《まい》に合《かな》ひ《い》、乃《すなわ》ち経首《けいしゅ》の会《かい》（節）に中《あ》たる。

文恵君《ぶんけいくん》曰《い》わく、譆《ああ》、善《よ》いかな。技《わざ》蓋《けだ》し此《ここ》に至《いた》るかと。庖《ほう》丁刀《ていとう》を釈《す》てて対《こた》えて曰《い》わく、臣《しん》の好《この》む所《ところ》の者《もの》は道《みち》なり、技《わざ》よりも進《まさ》る。始《はじ》め臣《しん》の牛《うし》を解《と》くの時《とき》、見《み》る所牛《ところうし》に非《あら》ざる者《もの》なし。三年《さんねん》の後《のち》、未《いま》だ嘗《かつ》て全牛《ぜんぎゅう》を見《み》ず。方今《ほうこん》の時《とき》、臣《しん》は神《しん》を以《もっ》て遇《あ》いて、目《め》を以《もっ》て視《み》ず。官知《かんち》は止《や》みて神欲《しんよくおこ》行なわる。天理《てんり》に依《よ》りて、大郤《たいげき》を批《う》（撃）ち大窾《たいかん》に導《したが》い、其《そ》の固然《こぜん》に因《よ》る。枝経肯綮《しけいこうけい》にも未《いま》だ嘗《こころ》みず。而《しか》るを況《いわ》んや大軱《たいこ》をや。良庖《りょうほう》は歳《とし》ごとに刀《とう》を更《か》えて割《はこぼれ》し、族庖《ぞくほう》は月《つき》ごとに刀《とう》を更《か》えて折《お》る。今《いま》、臣《しん》の刀《とう》は十九年《じゅうくねん》、解《と》く所《ところ》は数千牛《すうせんぎゅう》なり。而《しか》るに刀刃《とうじん》は新《あら》たに硎《といし》より発《はっ》せるが若《ごと》し。彼《か》の節《せつ》なる者《もの》には間《すきま》ありて、刀刃《とうじん》なる者《もの》には厚《あつ》みなし。厚《あつ》みなきものを以《もっ》て間《すきま》あるところに入《い》るれば、恢恢乎《かいかいこ》として其《そ》の刃《は》を遊《あそ》ばすに必《かなら》ず余地《よち》あり。是《ここ》を以《もっ》て十九年《じゅうくねん》にして刀刃《とうじん》新《あら》たに硎《といし》を発《はっ》せるが若《ごと》し。然《しか》りと雖《いえど》も族《ぞく》に至《いた》る毎《ごと》に、吾《わ》れ其《そ》の為《な》し難《がた》きを見《み》、怵然《じゅつぜん》として為《た》めに戒《いまし》め、視《み》ること為《た》めに止《とど》まり、行《すす》むこと為《た》めに遅《おそ》く、刀《とう》を動《うご》かすこと甚《はなは》だ微《び》なり。謋然《きゃくぜん》として已《すで》に解《と》くれば、土《つち》の地《ち》に委《お》（落）つるが如《ごと》し。刀《とう》を提《ひっさ》げて立《た》ち、これが為《た》めに四顧《しこ》し、これが為《た》めに躊躇《ちゅうちょ》して志《こころ》を満《み》たしめ、刀《とう》を善《ぬぐ》（繕）いてこれを蔵《おさ》むと。

文恵君《ぶんけいくん》曰《い》わく、善《よ》いかな。吾《わ》れ庖丁《ほうてい》の言《げん》を聞《き》きて、養《よう》生《じょう》を得《え》たりと。

要約

料理人の丁さんが文恵君のために牛を料理したときのこと。動作するたびに、また牛刀の動きに呼応して響き、それが音楽を聴いているように心地いい。文恵君はすっかり感嘆して、「見事だ。料理の技術はこんなにも高いレベルに達するものなのか」と言った。すると、丁さんは牛刀から手を離してこう言った。

「私は道を修めようとしています。技術は二の次です。初めて牛を料理したころ、私は牛しか見ておらず、どうしていいかわかりませんでした。三年ほどして、牛は目に入らなくなりました。いまでは目ではなく心で牛を感じています。そうすると手先が自然と動いて、牛刀がすっと皮と肉、肉と骨の間に入っていき、骨に当たることはありません。

腕の良い料理人でも、一年くらいで刃こぼれがして、牛刀を取り替えます。たいていの料理人は、月に一度は取り替えます。骨に突き当てて、牛刀を折ってしまうからです。ところが、私はもう十九年も同じ牛刀を使っています。数千頭の牛を料理してきましたが、刃先はいつも研ぎたてのようです。

そんな私とて、筋や骨の集まっている部分を切るときは、難しいなと緊張します。心をひきしめ、ゆっくりした動作で牛刀をきわめて微妙に動かします。やがて、肉がバサリと音をたてて骨から切り落とされ、そこに切った痕跡さえ残らないほどの仕上がりを見ると、思わず周囲を見渡して、牛刀を手にしたまましばしその場に立ちつくすほどです。そうして喜びに満たされて、牛刀を鞘に納めます」

この話を聞いて文恵君は、「養生の道、真の生き方がよくわかった」と言った。

味わうポイント

この話は、牛を見事にさばく料理人の技の深奥にあるものを説いています。ところかまわずムリヤリにギシギシとやるのではなく、目には見えないわずかな隙間にスーッと刃を入れていく。こういう達人の極意のようなものは、人間関係に当てはめて考えることができます。

たとえば夫婦関係でも、お互いに角で突くように、ガチガチとやり合うことがあるでしょう。そういうときはたいてい、相手の気持ちが見えていません。それでつい、自分の言い分を通そうと、ムリヤリ踏み込んでしまうのです。

そうではなくて、相手の顔つきや言葉に惑わされずに気持ちだけを思いやってみる。すると、〝怒りのツボ〟のようなものが、心の目に見えてくる。そこを上手によけて、丁さんが肉と骨や筋、皮の隙間にスーッと刃を入れたように、相手の気持ちに沿うことを言う。そんなふうに心がけると、牛ならぬ〝人間さばき〟の達人に一歩近づくことができそうです。

年齢を重ねるごとに、人としての魅力は落ちていくものです。これはもうどうしようもありません。同じ土俵で勝負しても、若い人の魅力には勝てないのです。だから、中高年になったら、若い人にはない別の魅力を出していくことが望ましいのです。

その魅力は何かと考えたとき、それは長く生きてさまざまな経験を積んだことから生じる余裕であり、その余裕ゆえに醸される穏やかさではないでしょうか。

「この人といっしょにいると、いろんなことがわかってて、言葉の一つ一つが沁みるなぁ。何だか落ち着くなぁ」と思われるような穏やかさがあると、魅力的な人物になれると思います。

逆に、いいトシをして始終カッカして怒りっぽかったり、ガンコに自分の言い分を通そうと、相手の心にゴリゴリ押し込んでいくようなやり方はいただけません。「これだから、年寄りはイヤだ」と嫌われるだけでしょう。

この話から学ぶべきは、人間関係においては相手の心がふっとゆるむような隙間に、当意即妙の言葉や表情、しぐさをスーッと入れていくこと。相手は素直にこちらの言うことを受け入れ、いい関係を築けると思います。

コラム・胸に迫る別れの歌

人生には、いろんな別れがあります。

その最初の一大イベントは、学校の卒業式だったのではないでしょうか。かけがえのない友と「進む道は異なるけれど、いつまでも友だちでいよう」と手を握り合った。あるいは、異性の同級生への密かな思いを胸に、声にならない別れの言葉を告げた。いま思い出しても胸がキュンとする、そんな思い出があるかと思います。五十歳以降の世代の人ならば、『あおげば尊し』の歌とともに、思い出がよみがえるでしょう。

また、ここで紹介したいもう一つの歌は、日露戦争時によく歌われた『戦友』です。これは軍歌というよりは厭戦《えんせん》歌で、歌詞もメロディも哀愁に満ちていて、全編に戦争で死ぬことのむなしさが漂っています。それゆえに、第二次世界大戦のときは禁歌とされたようです。

ともに満州で戦った友が隣で撃たれ、自分だけが生き残って友の墓を掘る。何ともやりきれない詞ですが、つぶやくように歌っていると、日本という国の歴史の一部が身に沁みこんでくる感じがします。
ここまで極限的な友との別れというのはそうあるものではないにせよ、同じ時代を懸命に生きた友とは戦友にも似た情愛が通い合っているもの。自分の人生と重ね合わせて歌うと、味わい深いものがあります。

『あおげば尊《とうと》し』

一
あおげば　とうとし、わが師《し》の恩《おん》。
教《おしえ》の庭《にわ》にも、はや　いくとせ。
おもえば　いと疾《と》し、このとし月《つき》。
今《いま》こそ　わかれめ、いざさらば。

二

互《たがい》にむつみし、日《ひ》ごろの恩《おん》。
わかる後《のち》にも、やよ　わするな。
身《み》をたて　名《な》をあげ、やよ　はげめよ。
いまこそ　わかれめ、いざさらば。

三

朝《あさ》ゆう　なれにし、まなびの窓《まど》。
ほたるのともし火《び》　つむ白雪《しらゆき》。
わするる　まぞなき、ゆくとし月《つき》。
今《いま》こそ　わかれめ、いざさらば。

『戦友《せんゆう》』

作詞《さくし》・真下飛泉《ましもひせん》（作曲《さっきょく》・三善和気《みよしかずおき》）

一　ここは御国《おくに》を何百里《なんびゃくり》　離《はな》れて遠《とお》き満州《まんしゅう》の
赤《あか》い夕日《ゆうひ》に照《て》らされて　友《とも》は野末《のずえ》の石《いし》の下《した》

二　思《おも》えば悲《かな》し昨日《きのう》まで　真先《まっさき》かけて突進《とっしん》し
敵《てき》を散々懲《さんざんこ》らしたる　勇士《ゆうし》はここに眠《ねむ》れるか

三　ああ戦《たたかい》の最中《さいちゅう》に　隣《とな》りに居《お》った此《こ》の友《とも》の
俄《にわ》かにはたと倒《たお》れしを　我《われ》はおもわず駈《か》け寄《よ》って

四

軍律《ぐんりつ》きびしい中《なか》なれど　これが見捨《みす》てて置《お》かりょうか
「しっかりせよ」と抱《だ》き起《おこ》し　仮繃帯《かりほうたい》も弾丸《たま》の中《なか》

五

折《おり》から起《おこ》る突貫《とっかん》に　友《とも》はようよう顔《かお》あげて
「お国《くに》の為《ため》だかまわずに　後《おく》れてくれな」と目《め》に涙《なみだ》

六

あとに心《こころ》は残《のこ》れども　残《のこ》しちゃならぬ此《こ》の体《からだ》
「それじゃ行《い》くよ」と別《わか》れたが　永《なが》の別《わか》れとなったのか

七

戦《たたかい》すんで日《ひ》が暮《く》れて　さがしにもどる心《こころ》では
どうぞ生《い》きって居《い》てくれよ
ものなといえと願《ねご》うたに

八

空《むな》しく冷《ひ》えて魂《たましい》は　くにへ帰《かえ》ったポケットに
時計《とけい》ばかりがコチコチと　動《うご》いて居《い》るも情《なさけ》なや

九

思《おも》えば去年船出《きょねんふなで》して　お国《くに》が見《み》えずなった時《とき》
玄海灘《げんかいなだ》で手《て》を握《にぎ》り　名《な》をなのったが始《はじ》めにて

十　それより後《のち》は一本《いっぽん》の　煙草《たばこ》も二人《ふたり》わけてのみ
ついた手紙《てがみ》も見《み》せ合《お》うて　身《み》の上《うえ》ばなしくりかえし

十一　肩《かた》を抱《だ》いては口《くち》ぐせに　どうせ命《いのち》はないものよ
死《し》んだら骨《こつ》を頼《たの》むぞと　言《い》いかわしたる二人仲《ふたりなか》

十二　思《おも》いもよらず我一人《われひとり》　不思議《ふしぎ》に命《いのち》ながらえて
赤《あか》い夕日《ゆうひ》の満州《まんしゅう》に　友《とも》の塚穴《つかあな》掘《ほ》ろうとは

一三　くまなく晴《は》れた月今宵《つきこよい》　心《こころ》しみじみ筆《ふで》とって
友《とも》の最后《さいご》をこまごまと　親御《おやご》へ送《おく》る此《こ》の手紙《てがみ》

一四　筆《ふで》の運《はこ》びはつたないが　行燈《あんど》のかげで親達《おやたち》の
読《よ》まるる心《こころ》おもいやり　思《おも》わずおとす一雫《ひとしずく》

7章 行き詰まったときに役立つ名言集

人生の処方箋として

最後に、人生に行き詰まったときに、「これを読むと、立ちあがる力がわいてくる。混沌とした現実に一筋の光明がさしてきて、先が見えてくる」というような、珠玉の言葉を紹介しましょう。

年齢がいくほど、言葉を噛みしめることによって自分を支えることが、わりと力になりやすい。すぐに覚えられるくらいの短い文章が、すっと心に入ってきて、後半生を生きる指針になる、ということがよくあるのです。

そういう言葉を持っている人は、意外と少ないのではないでしょうか。そのために、ちょっと行き詰まるとうずくまってしまったり、出口のない迷路に入り込んだようにムダにあがいてしまったりすることになってしまいます。

ここでは、私自身も人生の指南書として活用している四冊の本――『言志四録《げんししろく》』『菜根譚《さいこんたん》』『老子』『ゲーテ格言集』のなかから、とくに老年期にさしかかるころの悩みに効く言葉を集めてみました。

ぜひ、こういう言葉に馴染んで、生きる支えにしてください。

『言《げん》志《し》四《し》録《ろく》』

佐《さ》藤《とう》一《いっ》斎《さい》

『言志四録』は、幕末の儒学者である佐藤一斎の著作です。

ただ、学校で教わらないこともあって、「誰、それ？」という人が少なくないかもしれません。ちょっと説明しておくと、佐藤一斎は幕府直轄の教育機関である昌平坂《しょうへいざか》学問所のトップ、現代で言うなら大学の学長まで務めた人物です。日本における儒学の大成者として、大変尊敬されていました。

『言志四録』は、その一斎が四十二歳から八十二歳までの四十年にわたって思索した成果を集めた語録です。『言志録』『言志後録《こうろく》』『言志晩録《ばんろく》』『言志耋録《てつろく》』の四冊を総称して、こう呼ばれています。

この書に集約された一斎の教えは幕末から明治にかけて活躍した重要な人物に受け

継がれ、たとえば西郷隆盛はこの書を生涯の座右の書としていました。とくに気に入った百一条を選んで、手ずから『手抄言志四録』としてまとめ、肌身離さず持ち歩いたと伝えられています。

漢文調の短い文章なので覚えやすいし、声に出して読むとなかなか気持ちのよいものです。それぞれに訳とポイントを付しておきます。

『言志晩録《げんしばんろく》』(60)

少《しょう》にして学《まな》べば、則《すなわ》ち壮《そう》にして為《な》すこと有《あ》り。
壮《そう》にして学《まな》べば、則《すなわ》ち老《お》いて衰《おとろ》えず。
老《お》いて学《まな》べば、則《すなわ》ち死《し》して朽《く》ちず。

現代語訳と味わうポイント

少年のときに学んでおけば、壮年になってからそれが役立ち事を為すことができる。

壮年のときに学んでおけば、老年になっても気力が衰えることはない。老年になっても学んでいれば、見識たかく社会により多く貢献できるから、死んでもその名が朽ちることはない。

これは「三学の教え」と言われるもので、人生の「少・壮・老」それぞれの時期にはすべて学ぶべき意義があることが説かれています。「老いて」のところはちょっと大げさな感じがしますが、ようするに学ぶこと自体が気力と体力の源泉になり、元気に充実して長生きできる、というふうに捉えていただくといいでしょう。老いるほどに学ぶことのすばらしさに重きを置き、若々しい精神を保ちたいものです。

『言志後録《げんしこうろく》』(33)

春風《しゅんぷう》を以《もっ》て人《ひと》に接《せっ》し、秋霜《しゅうそう》を以《もっ》て自《みずか》ら粛《つつし》む。

現代語訳と味わうポイント

なごやかな春風のように人に接し、秋の霜のように厳しく自らを規正しなければならない。

比喩に自然を用いているのは、日本人の感性にフィットするところ。人と会うときに春風を、自分がちょっといい気になっているなと思うときに秋霜をイメージしてこの言葉をつぶやくと、自ずと言動が違ってくるように思います。

『言志録《げんしろく》』(34)

少年《しょうねん》の時《とき》は当《まさ》に老成《ろうせい》の工夫《くふう》を著《あらわ》すべし。

老成《ろうせい》の時《とき》は当《まさ》に少年《しょうねん》の志気《しき》を存《そん》すべし。

現代語訳と味わうポイント

若いときは経験を積んだ人のように十分に考え、手落ちがないように工夫するがよい。年をとってからは、若者の意気と気力を失わないようにするがよい。

若者にあって年配者にはないもの、逆に年配者にあって若者にはないもの、というものがあります。年齢を重ねると、どうしても気力・体力が落ちてきますので、若い人と積極的に交流し、彼らのエネルギーをもらう一方で、彼らのお手本になるような熟練の思考・行動を示す。後半生はそういう生き方が理想でしょう。

『言志晩録《げんしばんろく》』(13)

一燈《いっとう》を提《さ》げて暗夜《あんや》を行《ゆ》く。
暗夜《あんや》を憂《うれ》うること勿《なか》れ。
只《た》だ一燈《いっとう》を頼《たの》め。

現代語訳と味わうポイント

暗い夜道も、一つの提灯をさげて行けば、何も心配はいらない。ただその一つの提灯だけを頼りに行けばよい。

ここで言う「一燈」、提灯は、自分の生きる一筋の道を照らす何かを意味します。「何か」と言ったのは、人によって異なるからです。それはたとえば、明治から大正にかけて日本の資本主義を牽引《けんいん》した実業家、渋沢栄一があらゆる判断のよりどころを『論語』に置いたように、自分の精神の支えとなる書物や言葉かもしれません。あるいは、専門的な知識や技術を一燈として、追究する生き方を志向する人もいるでしょう。

いずれにせよ一斎は、「自分はこれで生きていく」というものが一つだけあれば十分だとしています。孔子の「一以《いつもっ》てこれを貫く」という生き方にも通じます。たくさん提灯を持って、周囲を明るく照らして不安を減らそうとするのを潔しとしないところが、とてもかっこいい。暗闇で一燈だけを頼りにするからこそ、迷わずに我が道を進んでいけるような気がします。

さて、あなたは何を自分の一燈に定めますか？

『言志録《げんしろく》』（2）

太上《たいじょう》は天《てん》を師《し》とし、其《そ》の次《つぎ》は人《ひと》を師《し》とし、其《そ》の次《つぎ》は経《けい》を

師《し》とす。

現代語訳と味わうポイント

最上の人は宇宙の真理を師とし、第二等の人は立派な人を師とし、第三等の人は経典を師とする。

師をどう選ぶかは、かつて非常に大きな命題でした。自分が進むべき道、学ぶべきことを、師となる人を通して教えを受けていたからです。

学校では「先生を選べない」こともあり、師弟感覚が薄れていますが、誰に学ぶのかということが人生を左右する要素の一つであることは同じでしょう。

一斎のこの言葉のおもしろいところは、師を選ぶ方法を三つの段階で提示していることです。

天とは自然や運命のこと。私たち人間は自然の一部ですから、自然の営みに触発されることは多いものです。何しろ自然は、膨大な時間をかけて整ってきた「調和」の上に成り立っています。バランスを保つための知恵がたくさん詰まっています。

二つ目の人は、先生と呼ぶにふさわしい人物。人格第一で選ぶといいでしょう。たとえば学生時代に好きだった先生は、ほどほどの距離感を保ってつき合えるし、会うと何となく気持ちが落ち着きます。私にも未だにおつき合いさせていただいている小中高の先生がいます。

三つ目の経は、古典と言っていいでしょう。いろんな出来事に遭遇したとき、揺れ動く心をすばやく整えてくれる本が何冊かあると、本来の自分を見失わずにすみます。ブレない自分をつくることに役立つのです。

これら天と人と経は、自らの生き方を学ぶ本当に良い師になってくれます。

『菜《さい》根《こん》譚《たん》』

洪自誠《こうじせい》

中国・明代末期に生きた洪自誠（応明）が著した『菜根譚』は、儒教・道教・仏教の三教が混然一体となった書物です。『処世修養篇』とも呼ばれるように、人生をよりよく生きるための処方箋になりうるものです。

前集二百二十二条、後集百三十五条、計三百五十七条から成る書物ですが、各条の文章は短いものが多いので、名言集のように味わえます。

〈前集《ぜんしゅう》88〉

静中《せいちゅう》の静《せい》は真静《しんせい》に非《あら》ず、動処《どうしょ》に静《せい》にし得来《えきた》って、わずかにこれ性天《せいてん》の真境《しんきょう》なり。

楽処《らくしょ》の楽《らく》は真楽《しんらく》に非《あら》ず、苦中《くちゅう》に楽《たの》しみ得来《えきた》って、わずかに心体《しんたい》の真機《しんき》を見《み》る。

現代語訳

静かな環境で心を静かに保てたとしても、それは本当に心が静かであるとは言えない。騒がしい環境にあってなお心を静かに保つことができて初めて、本当の心の境地と言える。

安楽な環境のなかで心の楽しみが感じられたとしても、それは本物の楽しみではない。苦しいなかにあってなお、悠々自適に楽しむことができるようになってこそ、真の心の働きを会得したと言える。

〈前集《ぜんしゅう》96〉

家人《かじん》過《あやまち》あらば宜《よろ》しく暴怒《ぼうど》すべからず、宜《よろ》しく軽棄《けいき》すべからず。この事言《ことい》い難《がた》ければ、他事《たじ》を借《か》りて隠《いん》に之《これ》を諷《ふう》せよ。今日悟《こんにちさと》らざれば、来日《らいじつ》を俟《ま》って、再《ふたた》び之《これ》を警《いまし》めよ。春風《しゅんぷう》の凍《こお》れるを解《と》くが如《ごと》く、和気《わき》の氷《こおり》を消《け》すが如《ごと》かれ。わずかにこれ家庭的《かていてき》の型範《けいはん》なり。

現代語訳

家族の者が過ちを犯したとき、声を荒げて叱ってはいけない。かといって、軽視して放っておくのもよくない。直接言いにくければ、ほかのことにかこつけて、それとなく諭すがよい。

それでも効果がなければ、日を置いて別の機会に言い聞かせればよい。春風が凍てつく大地を解かすように、暖気が氷を解かすように、自然に穏やかに。それが家族円満の秘訣である。

〈前集《ぜんしゅう》176〉

事《こと》を議《ぎ》する者《もの》は、身《み》は事《こと》の外《そと》に在《あ》りて、宜《よろ》しく利害《りがい》の情《じょう》を悉《つく》すべし。

事《こと》に任《にん》ずる者《もの》は、身《み》は事《こと》の中《なか》に居《い》て、当《まさ》に利害《りがい》の慮《おもんぱかり》を忘《わす》るべし。

現代語訳

何かを相談するときは自分の身はその外に置き、客観的かつ冷静に観察し、当事者たちの利害得失を考慮しなければならない。自分が当事者になって事の処理に当たるときは、自分の身をその中に置いて、利害得失を度外視し、一心不乱に実行しなければならない。

『老子《ろうし》』

老子《ろうし》

『論語』と並んで、中国古典の一大潮流を成しているのが『老子』です。『論語』が人の踏み行うべき道を説いたとすれば、『老子』はその対極にあるもの。「何々すべき」ということより、世俗的な常識や価値観に囚われずに、あるがままに無為自然に生きて充足できる境地に達することを重視しました。

ここでは、章全体の文章ではなく、一言でズバリ、生き方の核心をついてくれる名言を紹介します。

〈上篇《じょうへん》8〉

上善《じょうぜん》は水《みず》の若《ごと》し。

水《みず》は善《よ》く万物《ばんぶつ》を利《り》して而《しか》も争《あらそ》わず。

現代語訳と味わうポイント

最高の善とは、水の働きのようなものである。水はただ低いほうに流れていくだけで従順柔弱ながら、万物の生長を助けて、しかも何者とも争うことがない。

ムリをせず、しなやかに生きるヒントとなる言葉です。

〈上篇《じょうへん》36〉

柔弱《じゅうじゃく》は剛強《ごうきょう》に勝《か》つ。

現代語訳と味わうポイント

柔軟なものは弱そうに見えて、実は相手や状況に応じて自在に対することができるので、結局は堅くて融通のきかない剛強なものに勝つ。

年を重ねればなおのこと、強くあろうとするよりも、何事も「柳に風と受け流す」感じが生き方にフィットするように思います。

〈上篇《じょうへん》28〉

其《そ》の雄《ゆう》を知《し》りて、其《そ》の雌《し》を守《まも》れば、天下《てんか》の谿《けい》と為《な》る。天下《てんか》の谿《けい》と為《な》れば、常《つね》の徳《とく》は離《はな》れず、嬰児《えいじ》に復帰《ふっき》す。

現代語訳と味わうポイント

男性的なるものをわきまえながら、女性的なるものを守っていれば、世界の万物が集まってくる谷間となる。そうなれば、徳が真に身につき、純粋無垢な赤ん坊の状態に戻れるだろう。

ようするに「世間的な強さと聡明さを誇ってぐいぐいいくと、周りからどんな敵意を向けられるかわからない。そのことをわきまえて、弱々しく人目に立たないように歩めば、世界の万物に従われる模範となれる」ということです。

老子はほかのところでも「徳のある人は赤ん坊のようだ」というようなことを言っています。赤ん坊は生命力にあふれ、まだ世間の垢にまみれておらず、すべてをあるがままに見て受け入れる柔軟性に富んでいるからです。その純粋無垢な心こそ、徳の最たるものだというわけです。なるほど、赤ん坊は人間の本来あるべき姿のように思えてきます。

〈上篇《じょうへん》40〉

明道《めいどう》は昧《くら》きが若《ごと》く、進道《しんどう》は退《しりぞ》くが若《ごと》く、夷道《いどう》は纇《らい》なるが若《ごと》し。上徳《じょうとく》は谷《たに》の若《ごと》く、広徳《こうとく》は足《た》らざるが若《ごと》く、建徳《けんとく》は偸《おこた》（怠）るが若《ごと》し。質真《しつしん》は渝《かわ》（変）るが若《ごと》く、大白《たいはく》は辱《じょく》（黷）なるが若《ごと》く、大方《たいほう》は隅無《かどな》し。大器《たいき》は晩成《ばんせい》し、大音《たいおん》は希声《きせい》、大象《たいしょう》は形無《かたな》しと。

現代語訳と味わうポイント

自明の道はぼんやりと暗いようであり、前進する道は後退するようであり、平坦な道はごつごつと起伏があるようである。高い徳のありさまは低い谷川のようであり、広い徳の有様はまだ足りないところがあるかのようである。たしかな徳の有様はたるんでいるかのようであり、質朴なものは変わりやすいかのようであり、真っ白のものは汚れているようであり、優れた方形には角がない。偉大な器ものははるか後に出来上がるものであり、偉大な音響は耳に聞き取れず、偉大な形はふつうの形としては見えない。

ここは、格言を引用した部分です。少々乱暴ながら一言で言うと、物事の本質というのは常識では理解できない、ということでしょう。

このなかで最も有名なのは「大器晩成」という言葉です。よく「大人物になるには時間がかかる」と理解されますが、それは文字通りの意味。前後と関連して考えると、いつまでも完成しないところに大器の特徴があると捉えられます。完成すると形が決まり、用途も限られてしまいます。それでは大器とは言えず、未完のあり方をこそ評価すべきだ、というふうにも理解できます。

〈下篇・63〉

無為《むい》を為《な》し、無事《むじ》を事《こと》とし、無味《むみ》を味《あじ》わう。

現代語訳と味わうポイント

何もせず、格別の仕事もせず、味のないものを味わっていく。

ここは老子らしい逆説的な言い回し。文字通りの何もしないのではなく、大事を見越して、つまり事態が困難になったり、問題が重大化したりするずっと前の、まだ易々と処理できるうちに、さまざまな手を打っているから、大したことは何もしていないように見える、ということです。

無為自然に生きるためには、先見の明が必要だと言えるでしょう。

『ゲーテ格言集《かくげんしゅう》』

ゲーテ（編訳《へんやく》・高橋健二《たかはしけんじ》）

一人の人間が生まれてから死ぬまでの間に、どれだけ自己を豊かにすることができるか。その限界に近いレベルまで達したのがゲーテであると私は思っています。

稀代《きたい》の作家であり、詩人、脚本家、演出家でもある一方で、科学者として最先端の研究もし、政治家としても活躍した。そんな多彩な才能を最高のレベルで発揮したゲーテはまた、生きるヒントとなる多くの名言を残しています。

それを堪能できるのが『ゲーテとの対話』です。これは、若き学徒であったエッカーマンが晩年のゲーテに接した九年間のメモをもとに、ゲーテとの会話を綴ったものです。

私自身、ゲーテにとりつかれた二十代以降、いまもこの本を座右に置き、行き詰まったときや、迷ったり、悩んだりしたとき、この本のページを繰っては心に響く言葉を拾っています。

会話は多岐にわたっていますが、そのなかで「**人《ひと》は、青春《せいしゅん》のあやまちを老年《ろうねん》に持《も》ち**

こんではならない。老年《ろうねん》には老年《ろうねん》自身《じしん》の欠点《けってん》があるのだから」という言葉は、中高年の方にとくに響くところでしょう。

年をとると、がんこになったり、ひがみっぽくなったりしがちです。それは老年自身の欠点として半ばしょうがないことでもありますが、そのうえ情熱に任せて突っ走った若いころの欠点まで引きずるのはいかがなものか。失敗を重ねた青春時代のことをいつまでも引きずらず、過ちは過ちとして区切りをつけていくことが大切なのだと、ゲーテは言っています。

『ゲーテ格言集』には「**老年《ろうねん》に堪《た》えることは、秘術《ひじゅつ》である**」などの名言が詰まっています。

ここでは『ゲーテ格言集』（新潮社）のなかから、五十歳以降の人生に関わるものをいくつか紹介しましょう。

年《とし》をとることにも一《ひと》つの取《と》り柄《え》はあるはずです。

それは、年《とし》をとってもあやまちは避《さ》けられないとしても、すぐ落《お》ち着《つ》きを取《と》りもどすことができるということです。

（『タッソー』より）

寛大《かんだい》になるには、年《とし》をとりさえすればよい。どんなあやまちを見《み》ても、自分《じぶん》の犯《おか》しかねなかったものばかりだ。

（『格言と反省』より）

味わうポイント

年を重ねて、短気になることは避けたいものです。狭量になり、自分の経験のみをよしとして、ほかは許せないとなると、感情が不安定になります。そういうお年寄りの方は意外と多いのです。

ですから、中高年以降に心すべきは、他者に対して寛容になることでしょう。自分の目には欠点に映るようなことがあっても、それをゆるやかに受け入れて、この世を上機嫌に終えていきたいものです。

たとえば何かカッとすることがあっても、ちょっと息を吸って吐いて、「まぁ、いいか。大勢に影響なし」と心を落ち着ける。そうやって物事をトータルに見る目を養っていくと、心が安定します。

これまでいろんな経験をしてきたからこそ、人に対して余裕が持てるのです。そんな懐の深さが老年期にある人の魅力になるのではないかと思います。

われわれには理解《りかい》できないことが少《すく》なくない。
生《い》き続《つづ》けて行《ゆ》け。きっとわかって来《く》るだろう。

(『温順なクセーニエン』より)

味わうポイント

わからないことや、先が見えずに苦しむことがあっても、生き続けていればやがてわかる。そう思えば、取り越し苦労をしてエネルギーをムダに消費しすぎることもなくなります。
日本人にはどういうわけか、取り越し苦労をする人が年齢を問わずに多いので、この「生き続けて行け」というメッセージは力になるでしょう。

少年《しょうねん》のころは、打《う》ちとけず、反抗的《はんこうてき》で、
青年《せいねん》のころは、高慢《こうまん》で、御《ぎょ》しにくく、
おとなとなっては、実行《じっこう》にはげみ、
老人《ろうじん》となっては、気《き》がるで、気《き》まぐれ！——
君《きみ》の墓石《ぼせき》にこう記《しる》されるだろう。
たしかにそれは人間《にんげん》であったのだ。

（『警句的』より）

味わうポイント

若いころの亀井勝一郎は「人は努めている間は迷うものだ」というゲーテの言葉に励まされたといいます。「努力している限りは迷いが生じるんだ」と思えば、悩み苦しむ自分自身をそう悲観することもなくなります。

それと合わせて、ここにある「老人となっては、気がるで、気まぐれ！」という言葉を読むと、「年をとるのもいいもんだなぁ」とも思えます。「何も若いころのようにあくせくすることもない。老人は気がるで気まぐれでいい。それが人間なのだから」という感じで。

こういうふうに人生の折節で、ゲーテの言葉は人生の達人からのメッセージとして心に響いてきます。若いころは『若きウェルテルの悩み』のような小説がおもしろく読めますが、『ゲーテ格言集』や『ゲーテとの対話』などは五十歳以降のほうがむしろ役立つのではないでしょうか。

ここで紹介したものだけではなく、ぜひ機会を見つけてページを繰り、自分にぴったりくる言葉を探して音読してみてください。「人生の指南書」的に楽しめると思います。

主な参考文献および引用出典

（音読のしやすさを優先するため、他の資料を参考に表記およびルビに変更を加えさせていただいたものがあります）

平家物語　梶原正昭・山下宏明校注『新編　日本古典文学全集45　平家物語①』『新編　日本古典文学全集46　平家物語②』（小学館）
論語　金谷治訳注『論語』（岩波文庫）、齋藤孝『現代語訳　論語』（ちくま新書）
孫子　浅野裕一『孫子』（講談社学術文庫）
方丈記　市古貞次校注『新訂　方丈記』（岩波文庫）
塞翁が馬　鎌田正監修『漢文名作選〈第二集〉6』（大修館書店）
ツァラトゥストラ　ニーチェ〈手塚富雄訳〉『ツァラトゥストラ』（中公文庫）
敦盛　荒木繁ほか訳注『幸若舞3』（東洋文庫）
将に東遊せんとして壁に題す　鎌田正・米山寅太郎『漢詩名句辞典』（大修館書店）
いちじく人参　池田弥三郎『日本故事物語』（角川文庫）
一に俵をふんまえて　池田弥三郎『日本故事物語』（角川文庫）
手毬をよめる　井本農一ほか校注『良寛歌集』（角川文庫）
学問のすゝめ　伊藤正雄校注『学問のすゝめ』（講談社学術文庫）
徒然草　西尾実・安良岡康作校注『新訂　徒然草』（岩波文庫）

雑詩　石川忠久編『漢詩鑑賞事典』（講談社学術文庫）
荘子　金谷治訳注『荘子　第一冊（内篇）』（岩波文庫）
養生訓　伊藤友信訳『養生訓』（講談社学術文庫）
夜船閑話　鎌田茂雄『禅入門11　白隠　夜船閑話・遠羅天釜・藪柑子』（講談社）
うゐろう売り　久保田尚『新版・大道芸口上集』（評伝社）、鈴木棠三編『言葉遊び辞典』（東京堂出版）他
山中対酌　鎌田正・米山寅太郎『漢詩名句辞典』（大修館書店）
月下独酌　鎌田正・米山寅太郎『漢詩名句辞典』（大修館書店）
内に贈る　鎌田正・米山寅太郎『漢詩名句辞典』（大修館書店）
千曲川旅情の歌　島崎藤村『藤村詩抄　島崎藤村自選』（岩波文庫）
千曲川『五木ひろし日本歌謡史１００年！～昭和編～』（ファイブズエンタテインメント）
琵琶湖周航の歌　滋賀県高島市ホームページ http://www.city.takashima.shiga.jp/
頑是ない歌　中原中也『中原中也詩集』（岩波文庫）
夜空ノムコウ『夜空のムコウ』（ビクターエンタテインメント）
眼にて云ふ　宮沢賢治『宮沢賢治全集２』（ちくま文庫）
病床　宮沢賢治『宮沢賢治全集２』（ちくま文庫）
松尾芭蕉俳句　中村俊定校注『芭蕉俳句集』（岩波文庫）
聖書『舊新約聖書　文語訳』、『聖書　新共同訳』（日本聖書協会）
留魂録　古川薫『吉田松陰　留魂録』（講談社学術文庫）

付け足しことば　鈴木棠三編『ことば遊び辞典』（東京堂出版）
畳語　池田弥三郎『日本故事物語』（角川文庫）
風姿花伝　野上豊一郎・西尾実校訂『風姿花伝』（岩波文庫）
お能　老木の花　白洲正子『お能　老木の花』（講談社文芸文庫）
レモン哀歌　高村光太郎『智恵子抄』（新潮文庫）
おくのほそ道　萩原恭男校注『おくのほそ道』（岩波文庫）
故郷　堀内敬三・井上武士編『日本唱歌集』（岩波文庫）
荒城の月　堀内敬三・井上武士編『日本唱歌集』（岩波文庫）
浜辺の歌　堀内敬三・井上武士編『日本唱歌集』（岩波文庫）
菅原道真和歌　小町谷照彦校注『新日本古典文学大系7　拾遺和歌集』（岩波書店）
和泉式部和歌　清水文雄校訂『和泉式部歌集』（岩波文庫）
飛梅『風見鶏』（ダブリューイーエー・ジャパン）
北の螢『森進一スペシャルベスト〜希望の明日へ！〜』（ビクターエンタテインメント）
絶句　前野直彬注解『唐詩選（中）』（岩波文庫）
胡隠君を尋ぬ　石川忠久編『漢詩鑑賞事典』（講談社学術文庫）
枕草子　池田亀鑑校訂『枕草子』（岩波文庫）
山家集　佐佐木信綱校訂『新訂　山家集』（岩波文庫）
一茶俳句集　丸山一彦校注『新訂　一茶俳句集』（岩波文庫）

花　堀内敬三・井上武士編『日本唱歌集』（岩波文庫）
夏は来ぬ　堀内敬三・井上武士編『日本唱歌集』（岩波文庫）
紅葉　堀内敬三・井上武士編『日本唱歌集』（岩波文庫）
冬景色　堀内敬三・井上武士編『日本唱歌集』（岩波文庫）
人間の土地　サン＝テグジュペリ〈堀口大學訳〉『人間の土地』（新潮文庫）
草枕　夏目漱石『草枕』（新潮文庫）
あおげば尊し　堀内敬三・井上武士編『日本唱歌集』（岩波文庫）
戦友　堀内敬三・井上武士編『日本唱歌集』（岩波文庫）
言志四録　川上正光全訳注『言志四録（一）〜（四）』（講談社学術文庫）
菜根譚　齋藤孝訳『釈宗演　音読でこころにしみる菜根譚』（イースト・プレス）
老子　金谷治『老子』（講談社学術文庫）
ゲーテ格言集　ゲーテ〈高橋健二編訳〉『ゲーテ格言集』（新潮文庫）

JASRAC出1701633−701

本書は二〇一二年六月、海竜社より刊行された。

齋藤 孝（さいとう・たかし）

1960年、静岡県生まれ。明治大学文学部教授。東京大学法学部卒業。同大大学院教育学研究科博士課程を経て、現職。専門は教育学、身体論、コミュニケーション論。『身体感覚を取り戻す』（NHK出版）で新潮学芸賞を受賞。シリーズ260万部のベストセラーになり日本語ブームをつくった『声に出して読みたい日本語』（草思社）で毎日出版文化賞特別賞を受賞。『コミュニケーション力』（岩波新書）、『語彙力こそが教養である』（角川新書）、『雑談力が上がる話し方』（ダイヤモンド社）など著書多数。

だいわ文庫

50歳《さい》からの音読入門《おんどくにゅうもん》

著者　齋藤《さいとう》 孝《たかし》

二〇一七年三月一五日第一刷発行
二〇一七年四月一五日第二刷発行

発行者　佐藤 靖

発行所　大和《だいわ》書房
東京都文京区関口一-三三-四 〒一一二-〇〇一四
電話 〇三-三二〇三-四五一一

フォーマットデザイン　鈴木成一デザイン室

本文デザイン　菊地達也事務所

本文イラスト　福々ちえ

本文印刷　歩プロセス

カバー印刷　山一印刷

製本　小泉製本

ISBN978-4-479-30641-2

http://www.daiwashobo.co.jp